TRINI I LAILA

TREBALLAR A CASA ALIENA.
DUES VIVÈNCIES A BARCELONA

El Pla de Barris de Barcelona és una política pública destinada a combatre les desigualtats als barris més vulnerables de la ciutat. Entre aquests barris hi trobem, a l'extrem nord-oriental, el de la Trinitat Vella, format per poc més de deu mil habitants i amb una presència molt important de veïnat nascut fora del país —un dels percentatges més alts de la ciutat—. Aquest barri està marcat també per un aïllament físic provocat per la presència de grans infraestructures que l'envolten, com la Meridiana, el nus de la Trinitat, les rondes i les vies de tren.

Un dels objectius del Pla de Barris al llarg d'aquests anys ha estat enfortir la cohesió social i la vida comunitària a través dels projectes de recuperació de la memòria col·lectiva. Des del 2017 s'impulsa, en el marc del dispositiu comunitari de recerca i difusió de la memòria, el lloc web Memòria Visual de Trinitat Vella, pensat per ser una iniciativa en què col·laborin veïns i veïnes, institucions i professionals.

Amb la posada en marxa d'una nova edició del Pla de Barris a la Trinitat Vella, un dels temes que es van prioritzar en l'àmbit de la recuperació de la memòria va ser l'aproximació al treball femení en un sector sovint invisibilitzat i precaritzat com és el de les dones que han desenvolupat tasques de servei domèstic. Des d'una perspectiva d'economia feminista, posar les cures en el centre ha d'implicar també escoltar i reconèixer les dones que tradicionalment no han tingut veu. És en aquest sentit que, a partir de testimonis orals directes i dels materials gràfics de treballadores residents al barri que s'han dedicat al servei domèstic a Barcelona entre el 1950 i l'actualitat, s'ha construït aquest llibre que teniu a les mans.

És un acte de justícia i de reparació canviar el focus per posar-lo en el que passa als barris que van acollir les onades migratòries durant la segona meitat del segle XX i les primeres dècades del segle XXI, i clavar la mirada en la tasca que han fet i fan els i les habitants d'aquests barris, sense la qual la vida d'altres persones no hauria estat la mateixa. A banda de ser un document important per a l'estudi de la vida quotidiana de les classes populars dels segles XX i XXI, aquest llibre reflecteix la història de barris com el de la Trinitat Vella, fet a cops de gent, construït sobre la base de l'arribada de persones en diverses onades migratòries i la seva voluntat de millorar vitalment. Independentment de la procedència, es mostra com els inicis d'aquesta nova etapa estan plens d'obstacles que cal superar per arribar a tenir la vida digna desitjada.

La importància dels trajectes pren transcendència, tant pels processos migratoris viscuts per les protagonistes com pel desplaçament que havien de fer diàriament per anar a fer la seva feina, pel que suposava de contacte amb altres realitats diferents i de dependència del transport públic. És en aquests recorreguts i en la vivència al mateix barri on es va renegociant la identitat, tant de les mateixes persones com del barri, per fer-la més plural, oberta i compromesa amb la incorporació de la diversitat cultural i d'origen.

MARIA ROMERO GARCÍA

TOTES LES QUE SOM

Marco el número de telèfon de la meva àvia. És un dels tres que encara em sé de memòria. Despenja i sento la seva veu serena: "—Qui és? —La Maria. Hola, àvia! —Ja no et recordes de mi, fa molt que no em truques! —Àvia, estic dibuixant per fer un llibre sobre dones que han treballat en el servei domèstic. Recordes alguna cosa d'aquesta època?".

La memòria de la meva àvia desgrana records que de manera intermitent reconstrueixen la seva joventut. Si hagués de resumir-ho en poques paraules, seria una cosa així: "Jo he treballat molt, sempre, mai parava, ni els caps de setmana. I tenia molt bona memòria, em podien dir una llista de cent coses que jo no m'oblidava ni d'una".

Ara, amb 93 anys li fa mal tot el cos, està cansada, té fibromiàlgia i repeteix en veu baixa que ja ha fet tot el que havia de fer.

Em presenten la Trini a la Biblioteca José Barbero del barri de la Trinitat Vella. Hem quedat amb ella per veure quines imatges conserva de la seva infantesa i dels anys en què va estar treballant de criada. És una dona alta, corpulenta, amb un monyo al cap. Té unes mans grans, dits de pianista i clivelles. Ens convoca a una cita a casa seva on podrem veure els seus àlbums de fotos.

Necessito mirar-la des de diversos angles i fotografiar-la, per començar a dibuixar.

Fa temps que dibuixo senyores grans, senyores de la neteja, treballadores domèstiques, dones migrants, la meva àvia. He participat en diversos projectes que treballen sobre aquest tema i que recuperen les històries de les dones normals i corrents, de la gent del carrer, de biografies que definitivament construeixen una història gran, per molt que ens hagin fet creure el contrari: les històries de les dones que sostenen la vida.

La Trini no creu que la seva vida sigui susceptible de ser explicada, però li agrada el que "farem". Mira el seu arxiu, fa memòria, es ressent de la duresa de la feina, recorda els seus somnis, el que no va poder ser i el que sí que va aconseguir. Quan busques un personatge per escriure un llibre o fer una pel·lícula, busques la seva peculiaritat, allò que el diferencia de la resta. De la Trini, ens va fascinar la seva passió i coneixements sobre la música, la seva memòria per recordar passatges de compositors clàssics, intèrprets i ballarines, i les obres del Liceu a les quals li hauria agradat anar i a les quals accedia a través d'"els seus senyors". Una vegada la hi van convidar.

Ella volia ser ballarina. Podria haver estudiat música: té una memòria espectacular i molta sensibilitat per a les arts.

La meva àvia, si hagués pogut, hauria anat a l'escola i, com ella diu, hauria estudiat medicina, "perquè tinc molt coratge i no m'espanta res". Si haguessin pogut, aquestes dones haurien fet altres coses. "És el que es feia llavors; si no tens família, no tens diners, no tens res, has de fer això, no pots fer res més", li diu al meu fill Simón, que ara té 9 anys. Gràcies a la seva feina, nosaltres sí que hem pogut fer altres coses.

La meva àvia va arribar a Barcelona el 1945. Òrfena de mare i pare entre els 3 i els 6 anys, va viure una curta infància en un poble de Galícia, on una família veïna la va recollir a canvi de treballar al camp, tenir cura dels animals i servir a la casa. Quan va marxar d'allà, ja tenia una germana i algunes veïnes que treballaven servint a la Ciutat Comtal i que li van donar el contacte d'una família propietària d'una lleteria prop de la plaça de toros de la Monumental. Els seus records d'aquesta primera casa desprenen tendresa per la cura i l'aliment que rebia a canvi de la feina. Aleshores tenia 14 anys, la deixaven jugar amb el fill dels senyors, la portaven al cinema, li donaven xocolata.

Després, va continuar com a interna en quatre cases més de famílies adinerades, totes situades prop de la Gran Via. Recorda haver de cuinar mandonguilles per a set persones amb mig quilo de carn, la garreperia de les senyores, menjar només restes, algunes amenaces, rebentar-se a treballar i que la majoria d'aquesta gent anava cada dia a missa.

També recorda amb orgull com sabia calcular tots els números per justificar les despeses de la llista de la compra i que, amb tot el que va aconseguir cisar a les senyores, va poder comprar-se tres jocs de llençols per a l'aixovar.

Amb 19 anys va conèixer el meu avi en una sala de festes anomenada Las Cañas, situada en una cantonada de la plaça d'Espanya. Hi anaven totes les criades. Poc després de casar-se va deixar de servir, com feien moltes de les dones en aquesta època, però va continuar netejant cases, "fent hores". Es va quedar embarassada de la meva mare. Tres anys després que nasqués, van deixar la nena al poble i van emigrar a Suïssa, on de la restauració va passar a la fàbrica, i es va quedar allà fins que es va jubilar. La reagrupació familiar va arribar cinc anys més tard. La meva mare es va criar a Basilea. La meva àvia treballava cada dia, caps de setmana inclosos.

Llavors, li deien Luisa. Quan va morir el seu marit, va recuperar el seu nom, Lucía.

Mai s'havia ajagut en una hamaca. Ho vam descobrir fa uns anys al jardí d'una casa rural mentre celebràvem que seria besàvia, però aquesta és una altra història.

A Espanya va viure el temps del servei domèstic, el temps en què moltes dones de classe baixa es traslladaven del camp a la ciutat, de les províncies a les capitals principals, per servir a les cases de la burgesia. Va ser criada, serventa, mainadera, cuinera, interna, treballadora domèstica. Aquest és el temps que comparteix amb la Trini.

La Laila és l'altra protagonista d'aquest llibre. Viu en un bloc de pisos construïts per l'antic Patronat de l'Habitatge, alguns ocupats actualment per veïns i veïnes de la Trinitat Vella. Té un fill de 9 anys, és mare sola i ha fet un munt de feines des que va arribar a Catalunya. Va aconseguir els papers i una mica d'estabilitat residencial fa molt poc. De la solitud de la migració i la fragilitat laboral a les quals s'ha enfrontat durant aquests anys a Barcelona, la Laila n'ha construït un entorn fet de treball, resistència i valor per allò comunitari.

Ella forma part dels moviments migratoris femenins i transnacionals que constitueixen avui dia, a l'Estat espanyol i a Europa, el relleu del paper que van tenir les nostres àvies. Són dones marroquines, llatines, filipines, subsaharianes que han substituït les dones espanyoles en les feines de cures.

Tant en el servei domèstic com en la migració, la vida de la meva àvia s'entrecreua amb la d'aquestes dues dones. Per això, dibuixar la Trini i la Laila, d'alguna manera, és dibuixar-la a ella.

Hi reverberen els seus orígens, la migració, els viatges, el fet de ser estrangeres, la memòria de l'entorn rural, el buidatge del camp, l'efervescència i atracció de la ciutat com a miratge que possibilita la millora de les condicions de vida en un context hostil que petrifica les classes socials, i el desig d'ascens social per a elles i les seves famílies.

Aquest llibre és un recorregut fragmentat, no lineal, creat al voltant de les biografies de dues dones, que podrien haver estat moltes altres. L'hem construït a partir de les seves paraules, els meus dibuixos, les seves fotografies, mapes, diaris i altres materials d'arxius. Aquestes són dues entre milers d'històries de les dones que han estat a la base, que han sostingut i sostenen la vida.

A elles, a la meva àvia i a totes les altres, gràcies.

Maria Romero García

Llicenciada en Belles Arts, il·lustradora i sòcia de la Cooperativa de Tècniques, projecte d'autoocupació feminista.

PART 1

TRINIDAD ABADÍAS

[1934]   ME LLAMO TRINIDAD ABADÍAS. NACÍ EN EL AÑO 1934 EN EL PUEBLO DE LANAJA, PROVINCIA DE HUESCA. EN LOS AÑOS TREINTA Y CUARENTA, LANAJA ERA UN PUEBLO POBRE, AGRÍCOLA, DE SECANO Y CON MUCHA FALTA DE TODO. LE HABÍA ZURRADO LA GUERRA CIVIL BIEN FUERTE. NI AGUA PARA BEBER TENÍAMOS. EL BARRO SE HABÍA SECADO DEL TODO Y LA TIERRA SE ABRÍA. RECUERDO VER CÓMO LAS CABRAS METÍAN LA LENGUA POR ESAS RAJAS BUSCANDO ALGO DE HUMEDAD.

[A dalt] Postal de Lanaja, municipi d'Osca situat a la comarca dels Monegres, s. d. OVQ

[A sota] Mapa topogràfic de Lanaja, 1932. Font: IGN

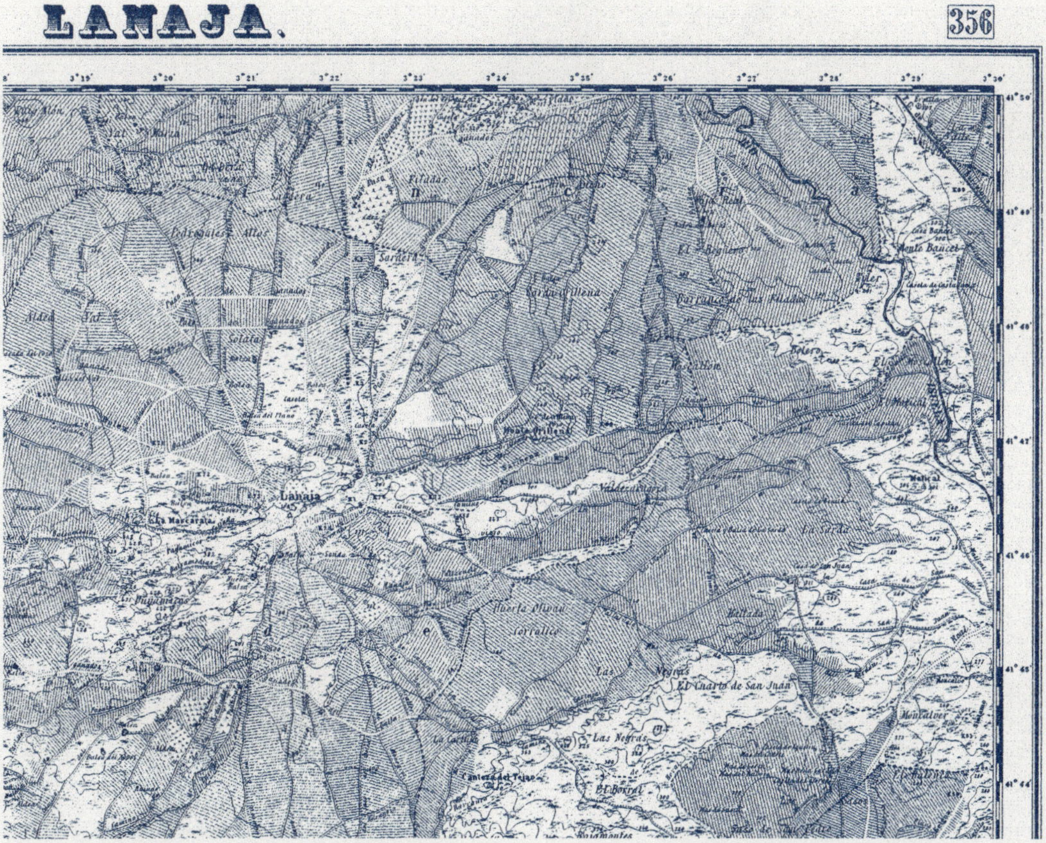

LANAJA. 356

TENÍA 2 AÑOS CUANDO ESTALLÓ LA GUERRA CIVIL. MI PADRE, JOSÉ ABADÍAS GAZOL, ERA DEL SINDICATO DE LA UGT. ME ACUERDO, COMO SI FUERA HOY, DEL DÍA QUE VINIERON A CASA A BUSCARLO. DEBÍA SER AL FINAL DE LA GUERRA. HAY QUIEN ESCAPABA, HAY QUIEN HUÍA A FRANCIA. MI PADRE DIJO: "YO NO HE HECHO NADA". SE QUEDÓ Y ESTUVO UN TIEMPO EN LA CÁRCEL.

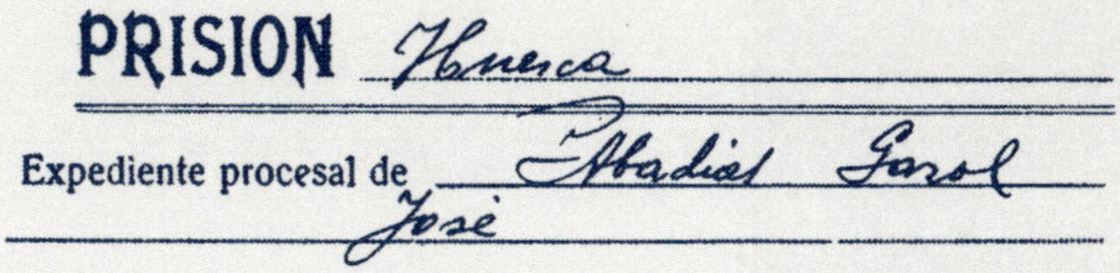

PRISION *Huesca*

Expediente procesal de *Abadías Gazol*
José

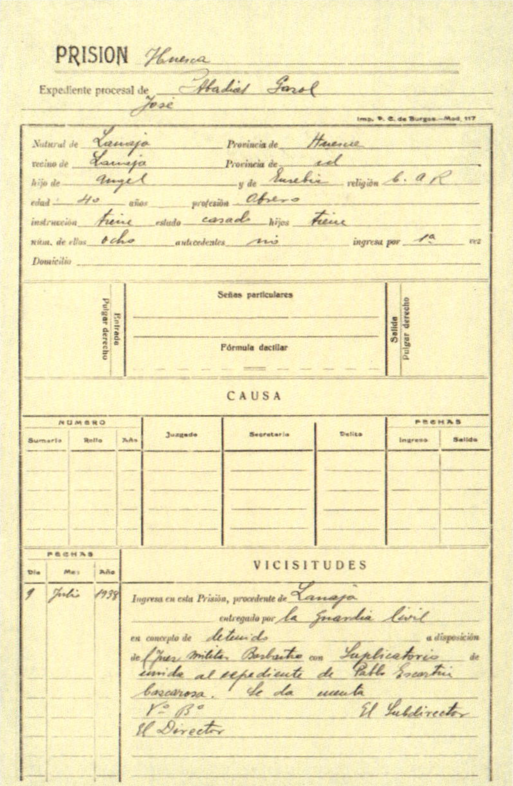

PRISION *Huesca*
Expediente procesal de *Abadías Gazol*
José

Imp. V. C. de Burgos.—Mod. 117

Natural de *Lanaja* Provincia de *Huesca*
vecino de *Lanaja* Provincia de *id*
hijo de *Angel* y de *Eulalia* religión *C. A. R.*
edad *40* años profesión *Obrero*
instrucción *tiene* estado *casado* hijos *tiene*
núm. de ellos *ocho* antecedentes *no* ingresa por *1ª vez*
Domicilio

Señas particulares

Pulgar derecho — Entrada

Fórmula dactilar

Salida — Pulgar derecho

CAUSA

NUMERO			Juzgado	Secretaría	Delito	FECHAS	
Sumario	Rollo	Año				Ingreso	Salida

FECHAS			VICISITUDES
Día	Mes	Año	
9	Julio	1938	Ingresa en esta Prisión, procedente de *Lanaja* entregado por *la Guardia Civil* en concepto de *detenido* a disposición de *Comr. militar Berbativo con Suplicatorios* de *unido al expediente de Pablo Escartín boscarosa. Se da cuenta* Vº Bº *El Subdirector* *El Director*

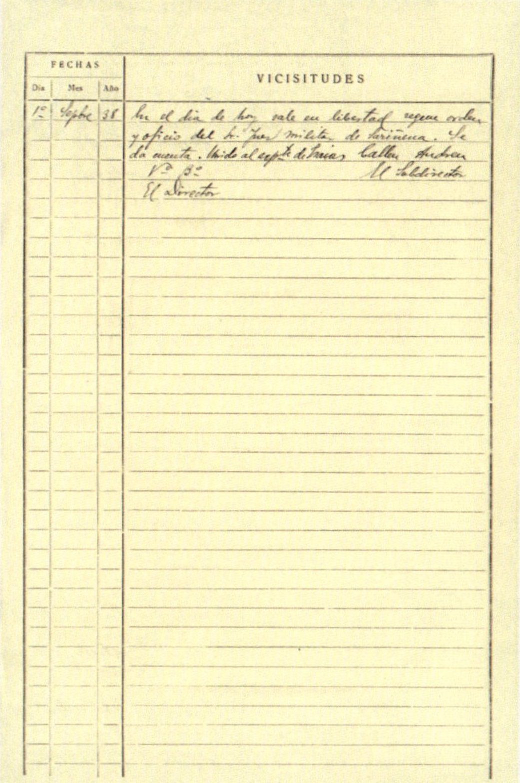

FECHAS			VICISITUDES
Día	Mes	Año	
1º	Septe.	38	En el día de hoy sale en libertad según orden y oficio del Sr. Juez militar de Sariñena. Se da cuenta. Unido al expte. de Freixa Callau Archivar. Vº Bº *El Subdirector* *El Director*

Hoy la chica no puede venir

[1941]   FUI MUY POCO A LA ESCUELA DE PEQUEÑA, AUNQUE LO POCO QUE FUI LO APROVECHÉ MUY BIEN. LO MALO ES QUE NO FUI SEGUIDO. MIS TÍAS TENÍAN UNA FONDA EN EL PUEBLO Y YO CON SÓLO SEIS O SIETE AÑITOS: "TRINI VE A BUSCAR EL PAN, TRINI VE A HACER ESTO OTRO...". MUCHOS DÍAS, HABLABAN CON LA MAESTRA Y LE DECÍAN: "HOY LA CHICA NO PUEDE IR QUE LA NECESITO". LA PRIORIDAD ERA QUE ME DIERAN DE COMER. CUANDO VENÍAN CAZADORES CATALANES A LA FONDA ERA UN LUJAZO. SE JUNTABA UN GRUPO DE OCHO O DIEZ HOMBRES A CAZAR CONEJOS, LIEBRES O PERDICES. MUCHAS VECES NO SE COMÍAN TODO DEL ANIMAL Y DEJABAN LAS CABEZAS. AQUEL DÍA, PARA MÍ, ERA UNA FIESTA.

[1949]　　　　VIVÍ EN LANAJA HASTA LOS 15 AÑOS. ME FUI POR NECESIDAD. ¿POR QUÉ ME IBA A IR SI NO? ME FUI A TRABAJAR AL PUEBLO DE ALBERUELA DE TUBO. VINIERON A BUSCARME A CASA. MI MADRE ME PREGUNTÓ: "¿QUIERES IR?". YO DIJE: "SÍ". ESE HOMBRE, MI JEFE, ME HIZO LA VIDA IMPOSIBLE, PERO IMPOSIBLE, IMPOSIBLE, HASTA PEGARME. Y EL DÍA QUE ME DIO UN BOFETÓN, ME VINE ANDANDO. COGÍ MIS CUATRO COSAS Y ME VOLVÍ A PIE HASTA EL PUEBLO.

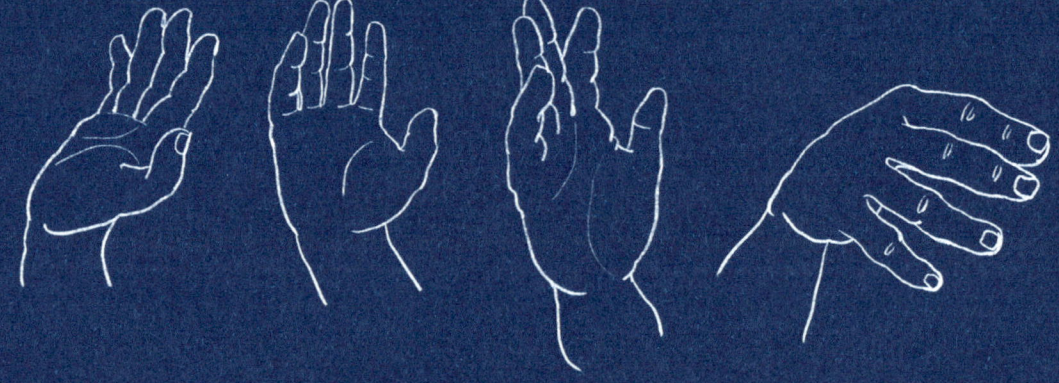

[1951]   A LOS 17 AÑOS DEJÉ MI CASA DEFINITIVAMENTE PARA IR A ZARAGOZA A SERVIR. EN AQUEL ENTONCES, IR A ZARAGOZA ERA COMO AHORA IR DE AQUÍ A NUEVA YORK. HABÍA LEÍDO EN EL PERIÓDICO: "SE NECESITA CHICA EN EL PASEO DE LA INDEPENDENCIA" Y ALLÍ ME PLANTÉ. ERA LA PRIMERA VEZ QUE VEÍA UNA CIUDAD. LA FAMILIA DONDE SERVÍ VIVÍA EN EL PASEO DE LA INDEPENDENCIA, ENCIMA DE UN TEATRO QUE SE LLAMABA ARGENSOLA. ALLÍ ÉRAMOS TRES INTERNAS: COCINERA, NIÑERA Y CAMARERA. EMPECÉ GANANDO 150 PESETAS AL MES Y, EN TRES AÑOS, ME SUBIERON EL SUELDO A 175 PESETAS. AFORTUNADAMENTE, YO NO TENÍA QUE MANDAR A MI CASA, COMO SÍ LO HACÍAN OTRAS CHICAS PARA QUE COMIERAN SUS HERMANOS. ENTONCES, EL CONTRATO NO EXISTÍA: "¿TE VAS? TE VAS". NI PAPEL NI FIRMA NI DIOS QUE TE CRIO.

Ofertes de treball publicades a la
premsa de Saragossa. Font: BVA

25

SE NECESITA empleada de hogar, de 9 mañana a 6 tarde. Señores de Camón. Avenida Goya, 49, sexto C.

CHICA fija necesito con informes, tres de familia. Tenor Fleta, 11, pral. derecha.

NECESITO matrimonio informado, de 40-45 años, atender piso y dos señoras; ningún gasto. Teléf. 215793.

CHICA 8 mañana a 8 tarde. Calvo Sotelo, 46, sexto.

SE PRECISA botones para agencia de viajes. Interesados dirigirse a Oficina Colocación. Ref. 15.782.

NECESITO chica. Paseo Pamplona, 8, escalera derecha octavo derecha.

CHICA fija o mandadera. Se precisa en San Vicente Mártir, 4, segundo B. Teléfono 234577.

GRADUADO escolar equivalente a bachiller, preparación: 343869. Plaza de Huessa, 3, principal.

CARNICERO preciso Compromiso Caspe, 80. Tienda. Ofic. Colocación Referencia 15.733.

DONCELLA informada, no importa edad, no hay niños, hay compañeras. Teléfono 224325.

HABITACION cedería a señora, cambio servicios domésticos. Teléf. 254096, de 12 a 3.

NECESITO mandadera martes y jueves, de 9 a 11. Paseo Teruel, 24, primero D.

A SEÑORAS y señoritas ofrecemos la posibilidad de ganar dinero extra en sus ratos libres. Informes: Calle Santa Isabel, núm. 10, primero D. Miércoles y jueves, de 10 a 1 y de 4 a 7. Sr. García.

[1953]   A MÍ ME HUBIERA GUSTADO SER BAILARINA. LA NENA QUE CUIDABA EN ZARAGOZA
SE HIZO BAILARINA PORQUE LA LLEVÉ YO. BAILARINA Y POETISA. TENÍA UNOS 7 AÑITOS Y,
COMO ERA UN POCO TORPONA, LE DIJE A SU MADRE: "¿POR QUÉ NO LA LLEVA A BAILAR?". YO YA
CONOCÍA A MARÍA DE ÁVILA, QUE TENÍA UNA ESCUELA DE DANZA. RECUERDO QUE HABÍA UNA SALA
GRANDE, CON ESPEJOS, CON AQUELLAS BARRAS EN LA PARED. TODAS LAS NIÑAS, VESTIDAS CON
SUS TUTÚS, MOVÍAN AL UNÍSONO BRAZOS Y PIERNAS, PARA ARRIBA Y PARA ABAJO, UNO, DOS,
TRES Y SIETE… MIENTRAS TANTO, UN PIANISTA TOCABA EN DIRECTO. LOS DÍAS QUE ACOMPAÑABA
A LA NIÑA, MARÍA DE ÁVILA ME DEJABA ENTRAR.

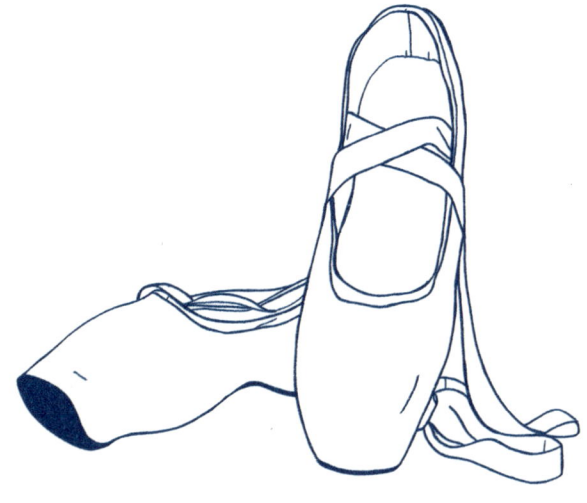

[1954]   DE ZARAGOZA SALTÉ A BARCELONA A LOMOS DEL SHANGAI, UN TREN QUE UNÍA GALICIA CON BARCELONA ATRAVESANDO TODA CASTILLA VÍA MADRID Y LÉRIDA. LO COGÍ EN SARIÑENA Y BAJÉ EN LA ESTACIÓN DEL NORTE. MIS HERMANAS ME ESTABAN ESPERANDO EN EL ANDÉN. TODO ME PARECIÓ HORRIBLE; LA ESTACIÓN, FEÍSIMA. FUI DEL PASEO DE LA INDEPENDENCIA DE ZARAGOZA AL PASEO DE GRACIA DE LA CIUDAD CONDAL. EL CAMBIO ME COSTÓ MUCHÍSIMO. PASÉ LO QUE AHORA LLAMAN UNA DEPRESIÓN. LO VEÍA TODO NEGRO, ME AHOGABA.

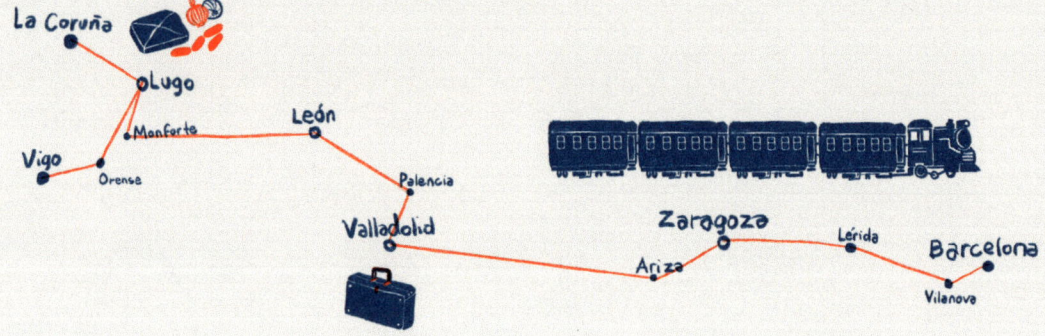

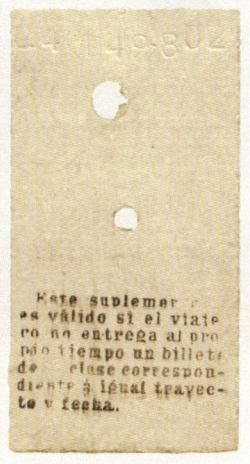

Bitllet de tren de Saragossa a Barcelona,
s. d. OVQ

[1956]   LA CASA DEL PASEO DE GRACIA ERA COMO UN MUSEO: LA PLATA, LOS MUEBLES ANTIGUOS, EL PARQUÉ DE CUANDO LA GUERRA. ME DEPRIMÍ PORQUE PASÉ DE UN TRATO FAMILIAR A "AQUÍ LA CHICA ERES TÚ". PUERTA PRINCIPAL Y PUERTA DE SERVICIO, UN DELANTAL POR LA MAÑANA Y OTRO PARA LA NOCHE, LA MESA SE SIRVE ASÍ. MI COMPAÑERA ME DECÍA: "DE AQUÍ HASTA AQUÍ LO TIENES QUE HACER TÚ".

Plànols i fotografies de diversos edificis del
passeig de Gràcia. Fons Nebot Torrens, COAC

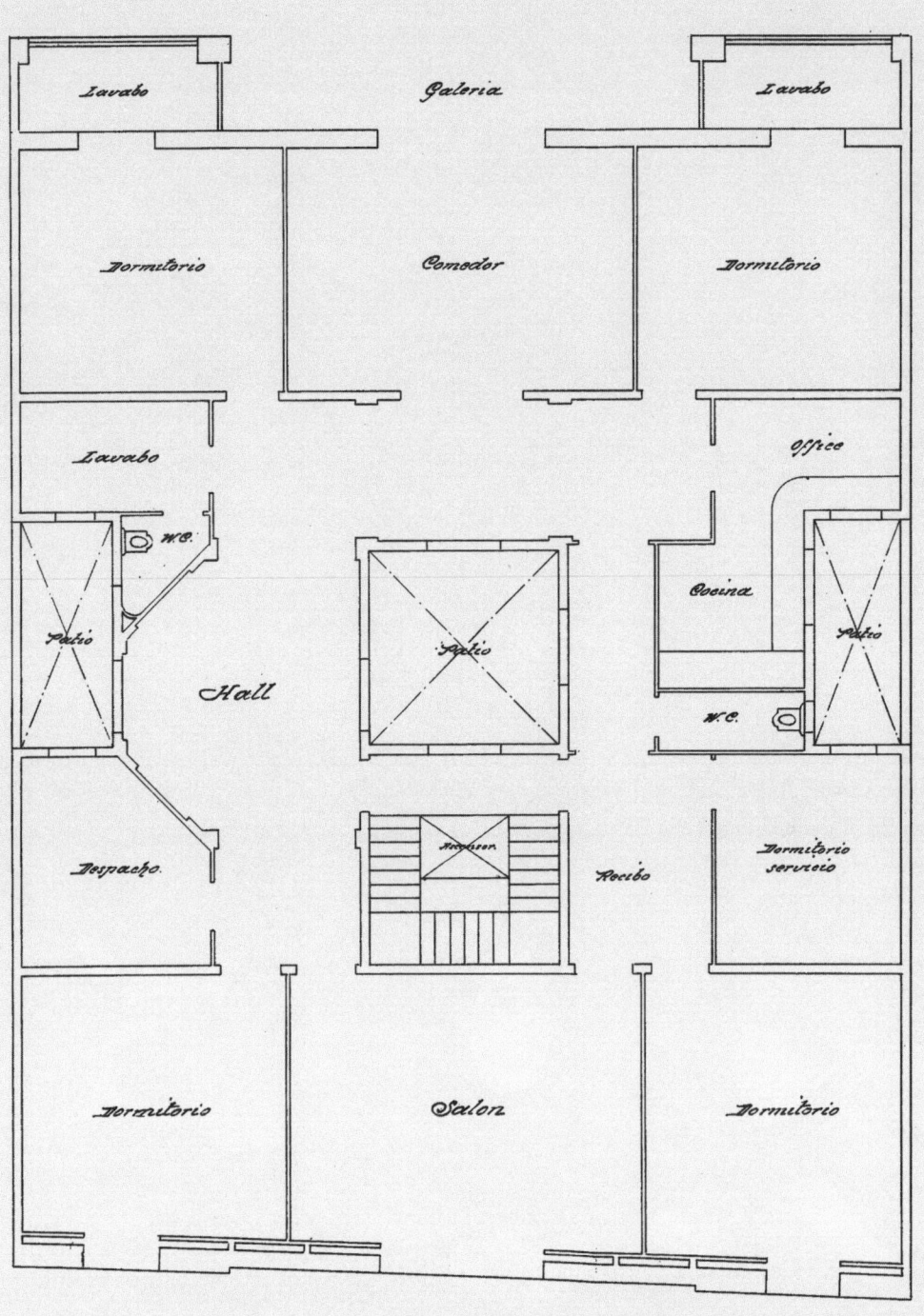

Planta de los pisos 3.ª 4.ª y 5.ª

Lavabo

Galería

Lavabo

Dormitorio

Comedor

Dormitorio

Lavabo

Office

W.C.

Cocina

Patio

Patio

Hall

Patio

W.C.

Despacho

Ascensor

Recibo

Dormitorio
servicio

Dormitorio

Salon

Dormitorio

Escala de 1 por 50.

Barcelona   Abril de 1920.
El Arquitecto

[1958] LA CASA DEL PASEO DE GRACIA TENÍA CUATROCIENTOS METROS CUADRADOS, POR LO MENOS. ¿TÚ SABES LO QUE ES LLEVAR Y TENER AL DÍA UNA CASA ASÍ? ME LEVANTABA A LAS SIETE Y MEDIA DE LA MAÑANA Y EMPEZABA LA FAENA: LIMPIAR LOS SUELOS, HACER LAS HABITACIONES, LAVAR PLATOS, PLANCHAR, SERVIR LA MESA, SACAR EL POLVO, LIMPIAR LA PLATA Y, ANTES DE IR A DORMIR, PREPARAR LOS ZAPATOS DE LOS SEÑORES. FELISA ERA MI COMPAÑERA DE TRABAJO. ELLA TENÍA 52 AÑOS Y YO TENÍA 25, UNA CRÍA. TAMBIÉN ESTABA JULIANA, UNA MUJER QUE VENÍA A HACER FAENAS POR HORAS, CUANDO HABÍA QUE LIMPIAR PLATA O LIMPIAR ALGUNA HABITACIÓN MÁS A FONDO.

EL SEÑOR DEL PASEO DE GRACIA ERA UN AMANTE DE LA MÚSICA. POR ESA CASA PASABAN CANTANTES Y CONCERTISTAS CADA SEMANA. RECUERDO EL DÍA QUE CONOCÍ A ROSA SABATER, LA FAMOSA PIANISTA. ERA UNA MUJER MUY AMABLE.

UN DÍA ME SORPRENDIÓ CON LA OREJA ENGANCHADA A LA PUERTA DE LA SALA DONDE ESTABA TOCANDO. ME INVITÓ A PASAR Y A SENTARME CERCA DE ELLOS PARA DISFRUTAR DEL CONCIERTO CÓMODAMENTE.

[1960]   DEL PASEO DE GRACIA ME FUI A TRABAJAR A LA CALLE MUNTANER, A CASA DE UN
MATRIMONIO CON TRES HIJOS. CADA MAÑANA IBA AL PARQUE MONTEROLS CON LA PEQUEÑA. A LOS
MAYORES LOS LLEVABA AL LICEO FRANCÉS, EN LA CALLE MUNNER. CUANDO ESTÁS A CARGO DE UNOS
NIÑOS DE ESTA MANERA, LOS LAVAS, LOS DUERMES, LES LIMPIAS EL CULO, LOS SACAS A PASEAR.
LOS TIENES Y LOS CUIDAS COMO SI FUERAN TUYOS.

LA SEÑORA, COMO LA DEL PASEO DE GRACIA, NO HACÍA NADA DE LA CASA. SE DEDICABA A IR A
CLASE DE INGLÉS, AL GIMNASIO Y A DAR ALGÚN PASEÍTO MIENTRAS NOSOTRAS HACÍAMOS LA FAENA.
TAMBIÉN PODÍA IR A MISA O AL SALÓN ROSA CON UN GRUPO DE AMIGAS PARA TOMAR CAFÉ. TODAS
ERAN DE LA MISMA *COLLA*, GENTE BIEN. Y LUEGO VENÍAN A CASA, PASABAN POR UNA PASTELERÍA
Y TRAÍAN UNAS TRUFAS O UN BRAZO DE GITANO. ELLAS SE PODÍAN PERMITIR NO TRABAJAR. ERAN
RICAS Y NOSOTRAS, POBRES. A AGUANTARSE Y A OBEDECER. ESO ME HABÍA TOCADO A MÍ DESDE
PEQUEÑINA.

[1963] EN SANT VICENÇ DE TORELLÓ, EN CADAQUÉS O EN CALELLA, HE PASADO CON LOS SEÑORES MUCHOS VERANOS DE MI VIDA. ERAN MESES DE MÁS TRABAJO PARA MÍ, PERO TAMBIÉN DE MENOS ORDEN, MÁS LIBERTAD, NO HABÍA HORARIOS NI NADA. ALGUNAS CASAS, EN VACACIONES, ERAN LA ONU: INGLESES, FRANCESES, ALEMANES, BELGAS… ¿NO VES QUE TODOS ESTOS IBAN A BOCACCIO? TODOS TENÍAN MUCHA AMISTAD Y SE PRESENTABAN EN CALELLA: "TRINI, QUE VAN A VENIR CINCO MÁS A COMER". Y CADA UNO COMÍA A UNA HORA: LOS PEQUEÑINES A UNA HORA, LOS DE 4 AÑOS A OTRA HORA, LOS DE 8 A OTRA, Y LOS MAYORES A OTRA. O DE PÍCNIC.

42

Boda de Trinidad Abadías i Juan de Dios
Arias, celebrada a la parròquia de la
Santíssima Trinitat, 1969. Fons personal

[1965]   EN EL AÑO 1965 CONOCÍ AL QUE SERÍA MI MARIDO. YO ESTABA SENTADA EN UNA MESA DEL PUB LA MONUMENTAL. MIENTRAS MIRABA CÓMO BAILABAN MIS AMIGAS, APARECIÓ JUAN DE DIOS CARGANDO UN CLARINETE. NOS CASAMOS AL CABO DE POCO Y HASTA HOY. UNA VEZ CASADA, YA NO TRABAJÉ NUNCA MÁS INTERNA Y EMPECÉ A HACER FAENAS POR HORAS. SÓLO EN VERANO ME IBA CON LOS SEÑORES DE VACACIONES.

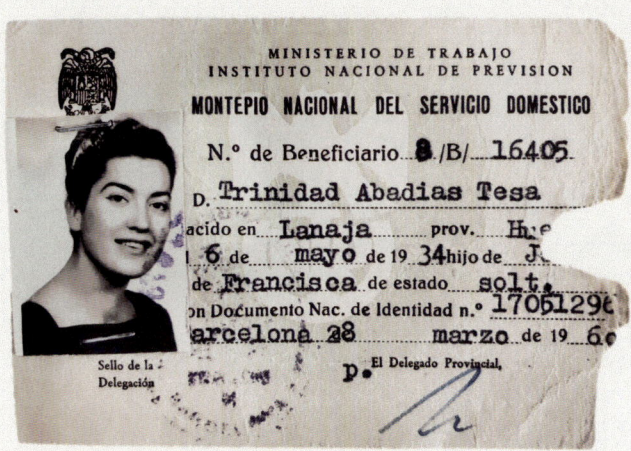

EL MONTEPÍO NACIONAL DEL SERVICIO DOMÉSTICO ERA EL SEGURO, LO DE LOS TRABAJADORES DE
AHORA. ESTABA EN LA CALLE BALMES, ESQUINA RONDA DE SANT PERE. ALLÍ ÍBAMOS A HACER LOS
PAPELES Y A PAGAR LA CUOTA. CUANDO EMPEZAMOS, LA SEÑORA PAGABA TREINTA PESETAS Y LA
CHICA, DIEZ. COMO TRABAJADORA DEL HOGAR, NUNCA EN MI VIDA HE TENIDO UN CONTRATO.

[2023]   ¿SABES LO QUE ME HA QUEDADO DE LA JUBILACIÓN? SETENTA Y CUATRO EUROS CON CUARENTA Y NUEVE CÉNTIMOS AL MES. ESA ES MI PENSIÓN DESPUÉS DE TRABAJAR TANTOS AÑOS.

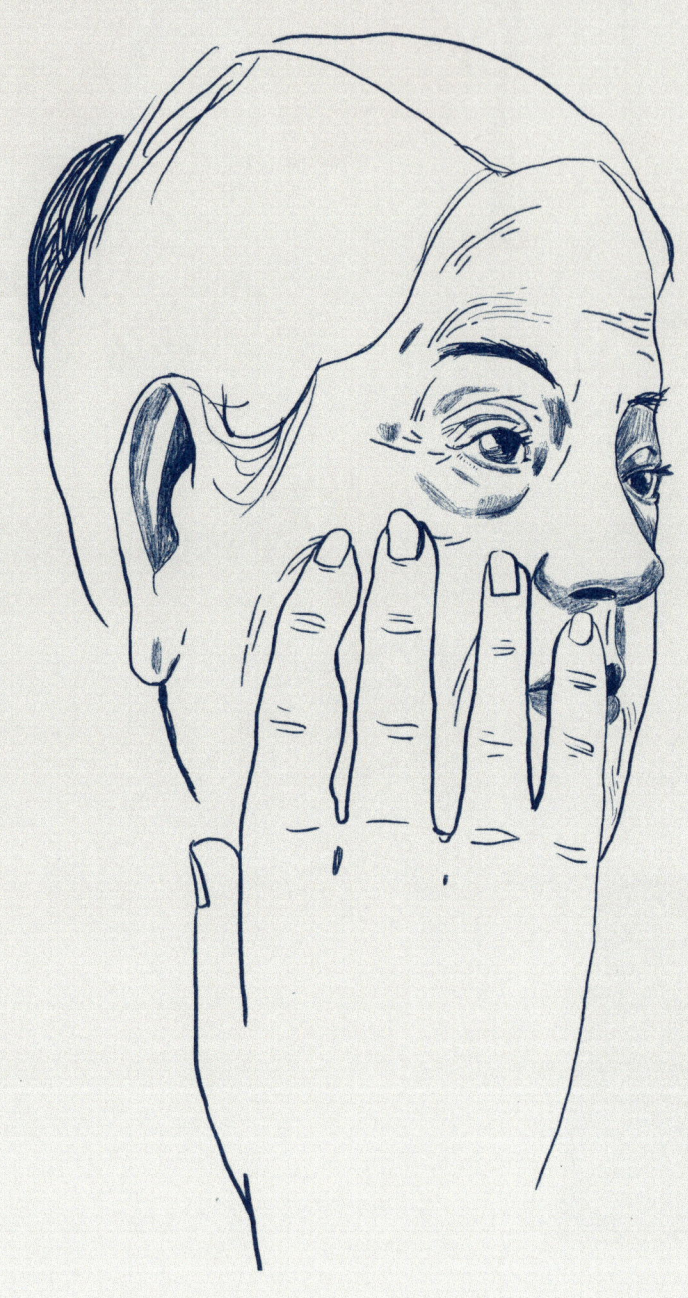

PART 2

LAILA TAITI

[2024]   ME LLAMO LAILA TAITI Y VIVO EN EL BARRIO DE LA TRINITAT CASI DESDE QUE LLEGUÉ A BARCELONA, EN EL AÑO 2006. CUANDO PIENSO EN TODA LA GENTE DE MI CIUDAD QUE SALIÓ, COMO YO, DE MARRUECOS, ME ESTREMEZCO. CASI DOS PERSONAS DE CADA CASA. SI OCURRE ALGUNA DESGRACIA EN EL MAR, EL SUFRIMIENTO PARA LAS FAMILIAS NO PUEDE EXPLICARSE. OJALÁ QUE SE ACABE ESTO PRONTO. NO SERÉ YO LA QUE LES DIGA A MIS VECINOS DE LARACHE QUE NO VENGAN, PERO LA VERDAD ES QUE NO ENCUENTRAS EN ESPAÑA TODO LO QUE ESPERAS. NI QUE TENGAS FAMILIA AQUÍ, NO PUEDEN AYUDARTE TANTO. TE TIENES QUE ENFRENTAR A UN IDIOMA NUEVO, AL RACISMO, A LA SOLEDAD. ME DUELE EN EL ALMA VER CÓMO MUCHOS JÓVENES QUE VIENEN DE MARRUECOS SE QUEDAN DESORIENTADOS Y PERDIDOS EN BARCELONA. SI NO TE ESPABILAS EN UNOS MESES, ES BIEN FÁCIL ENCONTRARTE EN LA CALLE.

La primera foto de Laila a Barcelona,
2006. Fons personal

[2006]   LA PRIMERA CASA DONDE SERVÍ ESTABA EN LA PLAZA LESSEPS. ERA LA CASA DONDE TRABAJABA MI PRIMA. LA FAMILIA ME TRATÓ MUY BIEN Y SIEMPRE ME AYUDARON. DESDE EL PRINCIPIO TUVIERON LA INTENCIÓN DE HACERME LOS PAPELES. YO ME ENCARGABA DE LA LIMPIEZA. MI PRIMA, DE LA COMIDA Y DE LOS NIÑOS. LEVANTARSE, DUCHARSE, TOMAR EL CAFÉ, RECOGER LOS CUARTOS, HACER LAS CAMAS, EL SUELO, LOS BAÑOS... RECUERDO LA SALA DEL VESTUARIO, DONDE MI PRIMA Y YO HACÍAMOS LA PLANCHA DE LA ROPA. ERA MI TRABAJO PREFERIDO, PLANCHAR LA ROPA DEL JEFE, DE LA JEFA, DE LOS NIÑOS.

[2006] HACÍAMOS COMIDA NORMAL: MACARRONES, ESPAGUETIS, VERDURA. NOSOTRAS COMÍAMOS HALAL. A VECES COCINÁBAMOS CUSCÚS PARA TODOS. PODÍAMOS SENTARNOS CON ELLOS A COMER EN LA MESA, QUE NO ES LO MÁS HABITUAL CUANDO SIRVES EN UNA CASA. ME ACUERDO MUCHO DE ESA FAMILIA, LA NIÑA Y EL NIÑO, ERAN BUENA GENTE. ME TRATARON ESPECIALMENTE BIEN. HE TRABAJADO EN OTRAS CASAS Y HE NOTADO MUCHÍSIMO LA DIFERENCIA. TENÍAN UNA CASA EN CALONGE, EN LA COSTA DE GIRONA, Y LOS FINES DE SEMANA TAMBIÉN ÍBAMOS ALLÍ CON ELLOS.

[2007]   CUANDO LLEGÓ LA CRISIS, TUVE QUE DEJAR LA CASA DE LESSEPS Y PASÉ A TRA-
BAJAR PARA UNA FAMILIA QUE VIVÍA EN EL PRAT DE LLOBREGAT. ALLÍ PASABAN COSAS RARÍSIMAS.
POCAS VECES LES VEÍA, YO ENTRABA Y ELLOS SALÍAN. TRABAJABA CUATRO HORAS, DEJABA LA
COMIDA PREPARADA Y ME IBA. NO PODÍA TOCAR SEGÚN QUÉ OBJETOS, NO PODÍA COMER ALLÍ. A
VECES, ME LLAMABAN CUANDO YA ESTABA EN MI CASA, DESPUÉS DEL TRABAJO, PARA PREGUNTARME
SI LA COMIDA TENÍA SAL O NO TENÍA. ME HE PREGUNTADO MUCHAS VECES POR QUÉ NO PODÍAN
PROBARLA ELLOS. A VECES ME DEJABAN TRAMPAS. TIRABAN COSAS EN EL SUELO, JOYAS, ORO,
DINERO, PARA COMPROBAR SI ME LO LLEVABA O NO. PRUEBAS DE CONFIANZA. DE VEZ EN CUANDO,
LA SEÑORA ME PREGUNTABA COSAS MUY PERSONALES, COMO POR QUÉ ME PONÍA EL VELO. NO ME
GUSTABA NADA. TRABAJABA POR NECESIDAD PURA, SIN GANAS. CON FUERZA Y SIN GANAS.

EL BARRIO DE LA TRINITAT, DONDE YO VIVO, ES UN BARRIO DE GENTE TRABAJADORA. A PESAR DE QUE LA SOLEDAD Y ESTAR LEJOS DE MI FAMILIA TODAVÍA ME PESA, AQUÍ ME SIENTO BASTANTE ARROPADA. DE VEZ EN CUANDO VOY AL CASAL. NOS ENCONTRAMOS LOS VECINOS Y COMPARTIMOS NUESTRAS DIFICULTADES CON EL TRABAJO, CON LA VIVIENDA, CON EL RACISMO. SIEMPRE SALGO MÁS LIGERA DE AHÍ. ME DOY CUENTA DE QUE MIS PROBLEMAS NO SON SÓLO MÍOS Y ESO ME HACE RESPIRAR CON MÁS AMPLITUD.

[1978]   NACÍ EN EL AÑO 1978, EN EL BARRIO DE KASHLA DE UNA CIUDAD DE MARRUECOS QUE SE LLAMA LARACHE. NOSOTROS ÉRAMOS POBRES. AUNQUE NUNCA NOS FALTÓ LA COMIDA, MI FAMILIA SIEMPRE HA TENIDO QUE TRABAJAR DURO.

      LARACHE ES UNA CIUDAD QUE ANTIGUAMENTE HABÍA SIDO OCUPADA POR LOS ESPAÑOLES. MIS ABUELOS FORMABAN PARTE DE BANDOS CONTRARIOS: MI ABUELO MATERNO, A FAVOR DE ESPAÑA, Y EL PATERNO, CON MARRUECOS. COMO NO TENÍAMOS AGUA CORRIENTE EN CASA, NOS MANDABAN A COGER AGUA A LA FUENTE QUE ESTABA AL LADO DE UNAS VIEJAS CABALLERIZAS ESPAÑOLAS. ANTES DE LLENAR TODAS LAS BOTELLAS, ME ESCAPABA UN RATO A JUGAR ALLÍ.

[A dalt] Cavallerisses de Larraix,
s. d. OVQ
[A sota] Segells del protectorat espanyol
del Marroc amb dibuixos de Mariano
Bertuchi, s. d. OVQ

Cria Caballar. - LARACHE

SIEMPRE QUISE TENER MI DINERO. DESDE PEQUEÑA QUE NO SOY DE PEDIR. MI MADRE ME DECÍA QUE
ME ESPABILABA YO SOLA, QUE NO LE DABA PREOCUPACIONES. ERA UN POCO TERREMOTO, PERO EN
CASA SIEMPRE TRABAJÉ MUCHO. RECUERDO LAS PALABRAS DE MI ABUELA: "TIENES QUE APRENDER
A HACER LAS COSAS PARA CUANDO VAYAS A VIVIR CON TU FAMILIA. SI NO SABES HACER ESTOS
TRABAJOS, HABLARÁN MAL DE TI". ASÍ PUES, APRENDÍ A TRABAJAR EN LAS TAREAS DE MI CASA.
BIEN PRONTO, EMPECÉ A TRABAJAR FUERA.

[1992] DESPUÉS DE LA PANADERÍA, TRABAJÉ EN UNA FÁBRICA ALEMANA QUE HACÍA ROPA Y DESPUÉS EN UNA FÁBRICA DE ZAPATOS. CADA MAÑANA, BIEN PRONTO, IBA A LA PUERTA DE LA EMPRESA JUNTO CON OTRAS MUCHAS MUJERES. ESPERÁBAMOS A QUE SALIERA EL ENCARGADO. "TÚ, VEN; TÚ, VEN; TÚ, VEN". SI NO ME TOCABA, ME IBA A LA ESCUELA. EL DÍA QUE ME TOCÓ, YA NO VOLVÍ A ESTUDIAR. ERA MUY DURO Y PAGABAN MUY POCO, PERO LAS NECESIDADES EN CASA APRETABAN. ME TENÍA QUE LEVANTAR A LAS 4 DE LA MADRUGADA. NOS VENÍA A BUSCAR UN AUTOBÚS PORQUE LA FÁBRICA ESTABA EN LAS AFUERAS DE LARACHE. ME PASABA TODA LA JORNADA DE PIE, DE 7 DE LA MAÑANA A 5 DE LA TARDE. ALGUNOS DÍAS, MÁS. ME PAGABAN ENTRE 150 Y 200 EUROS CADA MES. HACÍAMOS ZAPATOS DE TODO TIPO, PERO LA PRODUCCIÓN ENTERA SE VENDÍA FUERA DE MARRUECOS.

Laila amb els seus companys de feina
a la fàbrica de calçat Rieker de Larraix,
2000. Fons personal

EN EL AÑO 2012 Y DESPUÉS DE SERVIR A LA FAMILIA DEL PRAT DE LLOBREGAT, TRABAJÉ EN OTRA CASA DURANTE DIEZ AÑOS. LA TERCERA FAMILIA TENÍA DOS VIVIENDAS, UNA EN LA CALLE DE LA INDEPENDENCIA DE BARCELONA Y OTRA EN VILASSAR DE MAR. CUANDO EMPECÉ, LOS NIÑOS ERAN MUY PEQUEÑOS. EL MENOR ESTABA EN LA GUARDERÍA Y EL MAYOR EMPEZABA PRIMARIA. AL FINAL QUERÍA A LOS NIÑOS, PAU Y ÀLEX, COMO SI FUERAN MÍOS. ESTABA CON ELLOS MÁS TIEMPO QUE NADIE. ME LEVANTABA POR LA MAÑANA, LOS DUCHABA, LA ROPA, EL DESAYUNO, LA COMIDA, IR AL COLE A BUSCARLOS, VOLVERLOS A LLEVAR AL COLE. EL PADRE SIEMPRE LE DECÍA A LA MUJER: "LOS NIÑOS HACEN MÁS CASO A LAILA QUE A TI". TAMBIÉN HACÍA LA FAENA DE LA CASA: LA COMIDA, LAS CAMAS, LOS BAÑOS, EL SUELO, EL POLVO...

"Los niños hacen más caso a Laila que a su madre", me decían

[2015]   CADA VERANO, AL ACABAR EL CURSO, ÍBAMOS A LA CASA DE VILASSAR. SIEMPRE ESTABA CON LOS NIÑOS. LOS PADRES SALÍAN A TRABAJAR. CUANDO ERAN PEQUEÑOS, LOS LLEVABA AL CASAL. CUANDO ERAN MÁS MAYORES, YA SE IBAN A LA PLAYA. IBA Y VENÍA EN TREN CADA DÍA. EMPEZABA A LAS 7. POR SUERTE LA CASA ERA MÁS PEQUEÑA Y LA FAENA, MÁS RÁPIDA. TENÍA UN CONTRATO CON UN MES DE VACACIONES, PERO MI NÓMINA ERA BAJÍSIMA. ME PAGABAN SETECIENTOS CINCUENTA EUROS AL MES POR OCHO HORAS DIARIAS. NO SÉ SI DEBIÓ SER CULPA MÍA PORQUE SIEMPRE ME QUEDÉ CALLADITA. CUANDO MIS AMIGAS ME DIJERON QUE ESTABA AGUANTANDO DE MÁS, ME ATREVÍ A HABLAR CON LA JEFA. ME SUBIÓ EL SUELDO A OCHOCIENTOS. Y YA.

MINISTERIO
DE TRABAJO
E INMIGRACIÓN

SERVICIO PÚBLICO
DE EMPLEO ESTATAL

CONTRATO DE TRABAJO INDEFINIDO DEL SERVICIO DE HOGAR FAMILIAR

CÓDIGO DE CONTRATO

DATOS DEL EMPLEADOR/A

☐ TIEMPO COMPLETO   `1 0 0`
☐ TIEMPO PARCIA   `2 0 0`

D./DÑA.   NIF/NIE   EN CONCEPTO (1)

DATOS DEL/DE LA TRABAJADOR/A
D./DÑA.   NIF/NIE (2)

Nº AFILIACIÓN S.S.   NIVEL FORMATIVO   ☐☐ NACIONALIDAD

MUNICIPIO DEL DOMICILIO   ☐☐☐☐☐ PAÍS DOMICILIO

DECLARAN

CLÁUSULAS

PRIMERA: El/la trabajador/a prestará sus servicios como (4)   en el domicilio de
trabajo ubicado en (calle, nº y localidad)

SEGUNDA: La jornada de trabajo será:

☐ A tiempo completo: la jornada de trabajo será de   horas semanales, prestadas de
con los descansos establecidos legalmente.

[2021]   CUANDO LLEVABA MÁS DE NUEVE AÑOS TRABAJANDO PARA ELLOS, RECIBÍ UNA
LLAMADA DE LA PROPIETARIA DEL PISO DONDE VIVÍA. ME DIJO QUE TENÍA QUE IRME PORQUE
LO NECESITABA PARA ELLA. ME VOLVÍ LOCA BUSCANDO OPCIONES. EN LAS INMOBILIARIAS, ME
PEDÍAN NÓMINAS O AVALES. YO NO TENÍA NADA DE ESO... ¡SI NI LOS DE AQUÍ LO TIENEN FÁCIL!
DE LA ANGUSTIA QUE PASÉ, ME PUSE ENFERMA Y ESTUVE DE BAJA UNOS MESES. AL VOLVER AL
TRABAJO, MI JEFA ME DIJO QUE NO HACÍA FALTA QUE VOLVIERA. NO SUPE QUÉ DECIR, ME QUEDÉ
BLOQUEADA. COMO EMPLEADA DEL HOGAR, NO TENÍA DERECHO AL PARO. ME DIERON UNA AYUDA DE
TRESCIENTOS SESENTA EUROS. MI INTENCIÓN NO ERA VIVIR GRATIS. YO QUERÍA TRABAJAR, PAGAR
MIS IMPUESTOS Y PODER TENER UNA VIVIENDA DONDE ESTAR TRANQUILA, PERO ESTABA A PUNTO
DE QUEDARME EN LA CALLE. UNA NOCHE, VINIERON UNOS VECINOS DEL BARRIO PARA AVISARME
DE QUE HABÍA CASAS VACÍAS EN LOS PISOS DEL PATRONATO Y QUE LLEVABAN AÑOS CERRADAS. ME
AYUDARON. NUNCA EN MI VIDA HABRÍA PENSADO QUE ENTRARÍA EN UNA VIVIENDA COMO OKUPA.
NUNCA EN MI VIDA. PERO LO HICE.

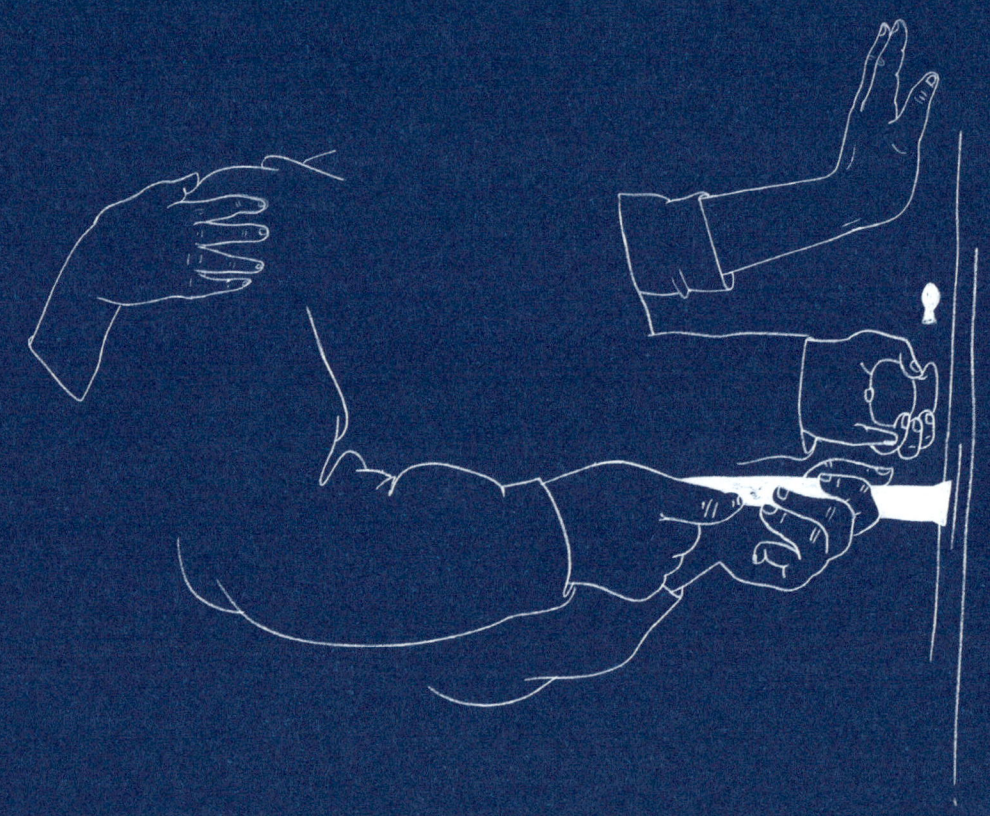

Blocs de l'antic Patronat de
l'Habitatge a la Trinitat Vella,
s. d. IMHAB

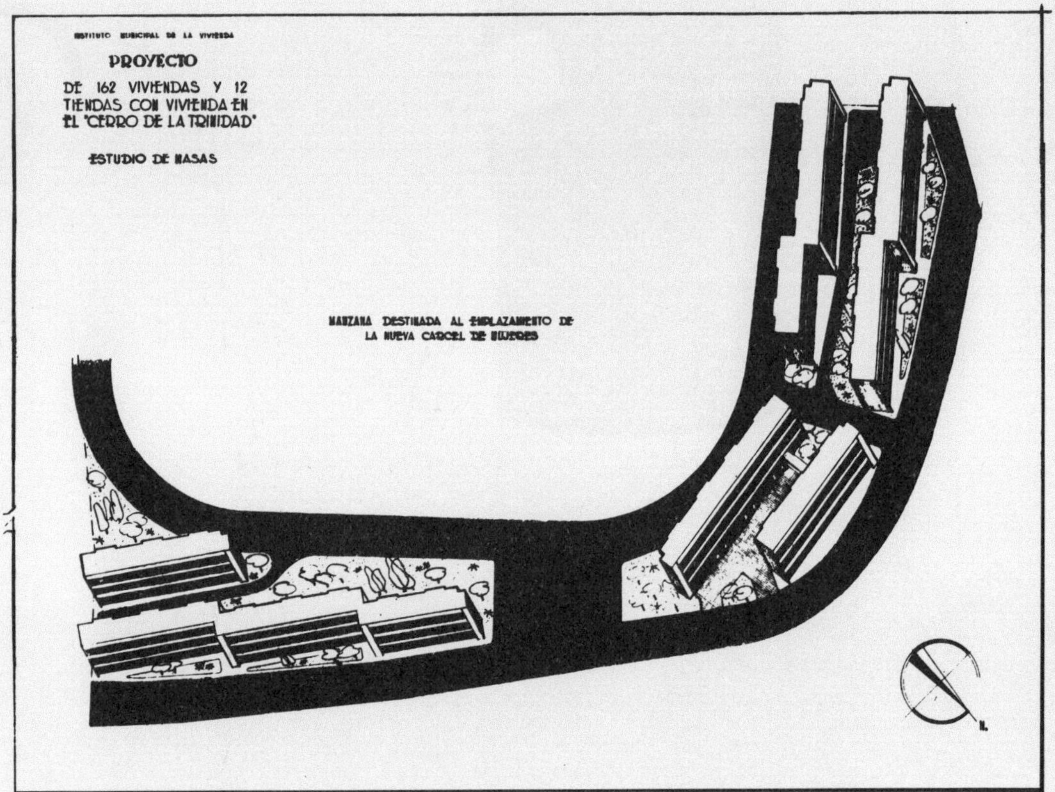

65

INSTITUTO MUNICIPAL DE LA VIVIENDA

PROYECTO
DE 162 VIVIENDAS Y 12
TIENDAS CON VIVIENDA EN
EL "CERRO DE LA TRINIDAD"

ESTUDIO DE MASAS

MANZANA DESTINADA AL EMPLAZAMIENTO DE
LA NUEVA CARCEL DE MUJERES

[1996]   DESDE BIEN JOVENCITA LE DI VUELTAS A LA POSIBILIDAD DE DEJAR MARRUECOS. MI CIUDAD ESTÁ AL LADO DEL MAR Y CASI TODOS LOS VECINOS SE VAN. SE HA CONVERTIDO EN ALGO MUY NORMAL. UNA DE MIS MEJORES AMIGAS EMIGRÓ CON TODA SU FAMILIA MUCHO ANTES QUE YO. CADA VEZ QUE ME ENCONTRABA A SU HERMANO POR LA CALLE, ME DECÍA: "LAILA, ¿QUÉ HACES AQUÍ TODAVÍA? TU PAÍS NO ES ESTE". Y YO LE DECÍA QUE NO HABÍA SALIDO DE LARACHE Y QUERÍA CONOCER MARRUECOS. ÉL SIEMPRE CERRABA LA CONVERSACIÓN DICIENDO CATEGÓRICAMENTE QUE FUERA DE MARRUECOS HABÍA TRABAJOS MEJORES Y QUE IBA A GANAR MÁS.

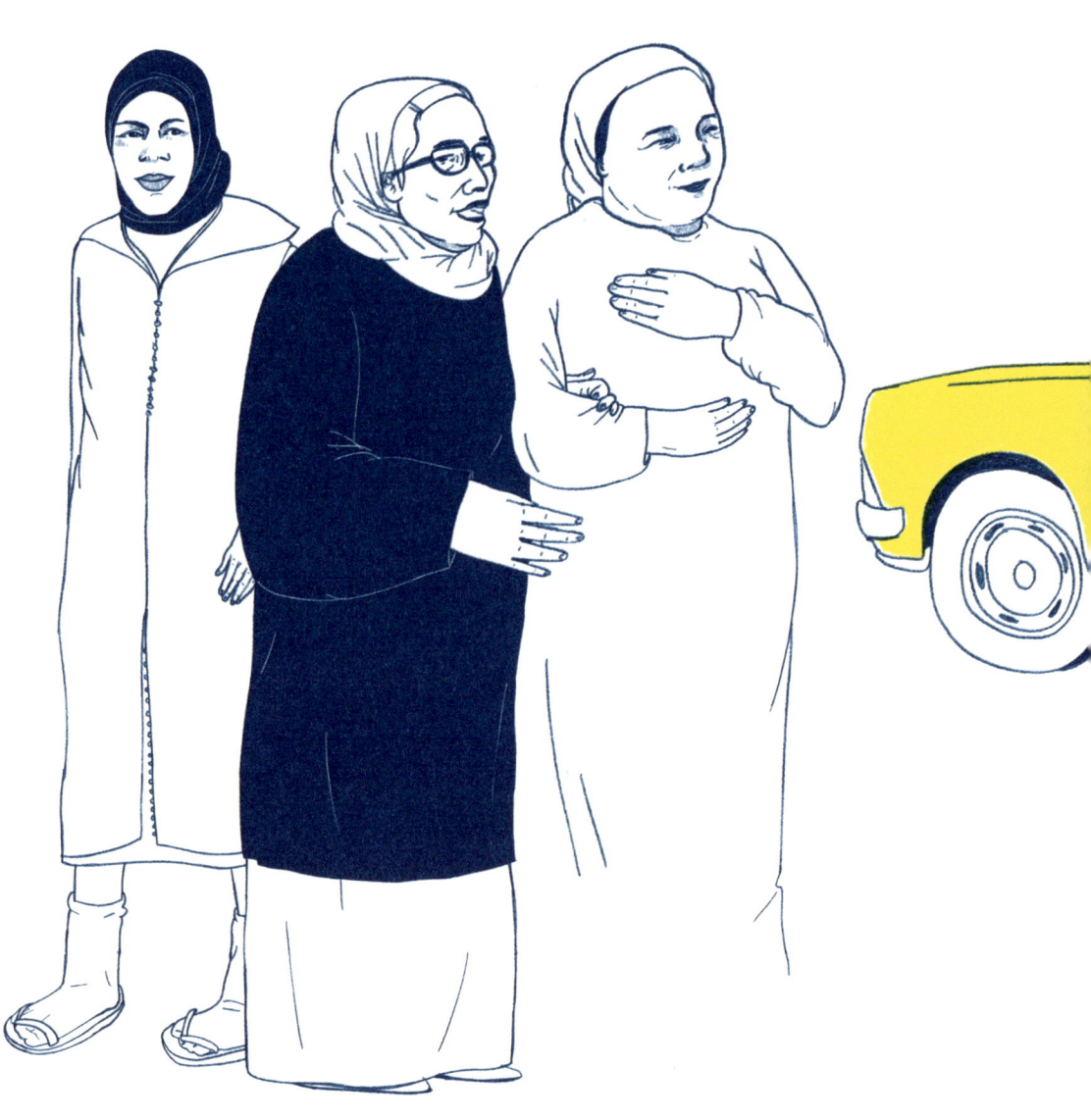

EN EL AÑO 2006, MI HERMANO Y YO DECIDIMOS IRNOS. LOGRÉ CONVENCERLO PARA QUE ME BUSCARA UN LUGAR EN SU PATERA. ME PASÉ UN MES ENTERO PENDIENTE DEL MÓVIL, NERVIOSA A TODAS HORAS. LAS SALIDAS NO TIENEN FECHA FIJA. RECIBES UNA LLAMADA Y SÓLO TIENES TIEMPO DE RECOGER EL EQUIPAJE MÍNIMO QUE TIENES LISTO Y PARTIR. EL MISMO DÍA QUE CRUCÉ EL MAR, SE CASÓ EL HERMANO DE UNA BUENA AMIGA. ME DESPEDÍ DE MI MADRE EN MEDIO DE LA FIESTA. NO LE DIJE NADA, PERO AL ABRAZARLA NO PUDE EVITAR ECHARME A LLORAR.

NO SÓLO ME FUI PARA TRABAJAR MEJOR. SOBRE TODO ME FUI PORQUE EN MARRUECOS NO ESTÁN BIEN NI LA EDUCACIÓN NI LA SANIDAD. SON LAS COSAS REALMENTE IMPORTANTES PARA VIVIR BIEN Y YO LAS DESEABA PARA MIS HIJOS. RECUERDO AGARRARME A ESTOS PENSAMIENTOS MIENTRAS DEJABA ATRÁS MI CASA CAMINO A LA EMBARCACIÓN QUE NOS ESTABA ESPERANDO.

[2006]   LA PLAYA ESTABA CERCA DE CASA. SALIMOS A LAS 4.30 DE LA MADRUGADA.
ÉRAMOS CUATRO CHICAS. EL RESTO, CHICOS, TODOS DEL BARRIO. EL VIAJE DURÓ DOCE HORAS.
LLEGAMOS A LA RÁBIDA, UN PUEBLO DE HUELVA, A LAS 4 DE LA TARDE DEL DÍA SIGUIENTE.
YO NO RECUERDO NADA DE ESAS HORAS EN EL MAR. SÓLO LAS PALABRAS DE ALGUIEN QUE DIJO:
"MIRA, LAILA ESTÁ MUERTA. VAMOS A TIRARLA AQUÍ". PARECE QUE ME DESMAYÉ. AL DESPERTAR,
ME DIJERON QUE YA ESTÁBAMOS EN ESPAÑA. ERA UN 29 DE AGOSTO. SE VEÍA A LA GENTE EN LA
PLAYA, BAÑÁNDOSE. UN PESCADOR NOS DIJO QUE NOS TENÍAMOS QUE IR PORQUE VENDRÍA PRONTO
LA POLICÍA. YO ME FUI HASTA ALGECIRAS Y ME SEPARÉ DE MI HERMANO. NO CONOCÍA A NADIE NI
HABLABA EL IDIOMA. NO TENÍA NINGUNA DOCUMENTACIÓN. SOLO 150 DÍRHAMS, QUE SON 15 EUROS,
EN EL BOLSILLO.

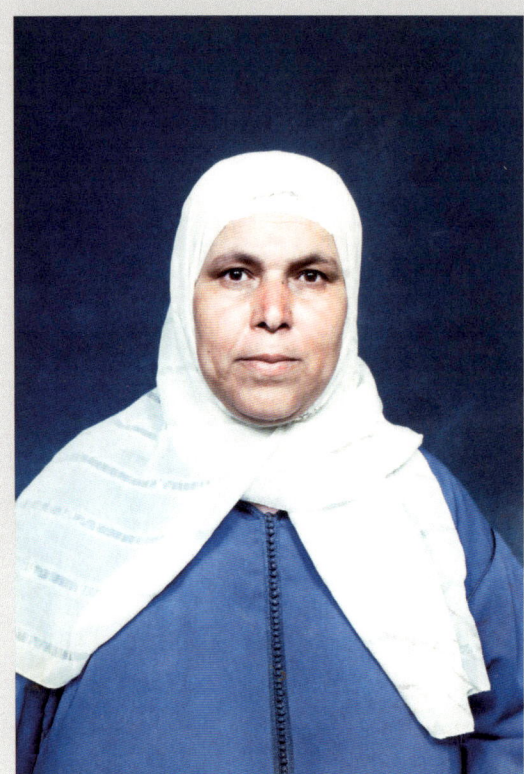

Retrat d'Aicha, mare de Laila.
Fons personal

[Dreta, de dalt a baix] Aicha i Najlaa,
mare i germana de Laila. Fons personal

Abd Rahem, germà de Laila, i Mohamed,
un amic, al barri Kachla de Larraix, 1997.
Fons personal

La darrera foto de Laila al Marroc abans
de viatjar a Espanya; s'hi poden veure la
mare i l'àvia, 2006. Fons personal

[Dalt] Invocacions diàries dirigides a
Al·là. Fons personal

[Dreta] Viatge a Marràqueix amb els
companys de la fàbrica de calçat Rieker,
2002. Fons personal

DESPUÉS DE SERVIR CASAS, ENCADENÉ DISTINTOS TRABAJOS. EL PRIMERO FUE EN UNA RESIDENCIA DE ESTUDIANTES. LIMPIABA LA COCINA, LOS ESPACIOS COMUNES Y VIGILABA LAS ENTRADAS Y SALIDAS. LUEGO ENCONTRÉ EMPLEO EN LA LIMPIEZA DE UNA GUARDERÍA. A DÍA DE HOY, TRABAJO EN LA COCINA DE UNA ESCUELA.

[2024]   SIGO TENIENDO UN SUELDO BAJO, SIGO SUFRIENDO EL RACISMO DE MUCHA GENTE,
PERO DESDE QUE TENGO MIS PAPELES EN ORDEN PUEDO VIAJAR A MARRUECOS CADA VEZ QUE TENGO
VACACIONES. NUNCA VOY A OLVIDAR LA PRIMERA VEZ QUE VOLVÍ. HACÍA MÁS DE TRES AÑOS QUE
NO VEÍA A MI FAMILIA Y MI HERMANA ESTABA A PUNTO DE CASARSE. NO RECUERDO OTRA SORPRESA
IGUAL EN MI VIDA. NADIE SABÍA QUE IBA A BAJAR. FUI EN AVIÓN HASTA TÁNGER Y DE ALLÍ
TOMÉ UN TAXI HASTA LARACHE. MI MADRE SALIÓ A MIRAR POR LA VENTANA PORQUE ESCUCHÓ EL
RUIDO DE UN MOTOR EN LA PUERTA. CUANDO ME VIO, CAYÓ DESMAYADA. ESE INSTANTE LO TENGO
BIEN GUARDADO DENTRO, COMO UN TALISMÁN. SE PARECE MUCHÍSIMO A LO QUE ES PARA MÍ LA
FELICIDAD.

PART 3

ARXIU

[A dalt] Concepció Soler, guanyadora del concurs "Miss Minyona 1936" celebrat al Gran Price de Barcelona. AFB / Pérez de Rozas

[A sota] Diari *Crónica* del 10 de maig de 1936 anunciant l'elecció de "Miss Sirvienta". Domini públic. Font: BC

Juanita Caballero, con el uniforme profesional, resulta, como ustedes ven, muy «doncella de películas».

Juanita sólo ha consentido en ponerse la banda dentro del portal, para hacerse esta fotografía. Porque con la banda no se atreve a salir a la calle.

Zaragoza ha elegido su "Miss Sirvienta 1936".

Lo que dice Juanita Caballero, vencedora en la elección; y lo que dice una concursante que se quedó sin el título...

Un Concurso original.

Juanita Caballero, elegida en Zaragoza «Miss Sirvienta 1936».
(Fot. Sanha)

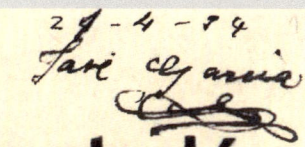

F. L de S.

Sindicat d'Alimentació

A les companyes serventes

El Sindicat del ram d'Alimentació, per mitjà del present manifest, es dirigeix a vosaltres, intentant fer-vos donar compte de la necessitat que teniu de sindicar-vos.

Mentre les companyes de tots els rams, lluiten al costat dels seus germans d'explotació per a conquerir millores morals i econòmiques, vosaltres companyes serventes, al·ludiu el deure d'explotades que com elles sou, permetent que les senyores burgeses en la majoria dels casos, us donin un tracte de bèsties domesticades, pagant-vos unes mensualitats de misèria, i despedint-vos injustament quan per separat intenteu que us donin més cabals.

Cal lluitar contra aquestes senyores histèriques que, abusant de la vostra desorganització, us sotmeten a la seva voluntat ennegrida per instints inquisitorials. Però, perquè la lluita no resulti estèril, cal ajuntar-se presentant la batalla de conjunt.

Procureu doncs, que no quedi ni una sola serventa sense tenir al seu poder el carnet del Sindicat del Ram d'Alimentació, Secció serventes, i fent-ho així, tingueu la seguretat que junt amb els companys d'aquest ram, que estan incondicionalment al vostre costat per a defensar-vos, lograreu unes mensualitats d'acord als temps en què vivim, i el tracte d'obreres que com a tal us correspon.

Les serventes han vingut essent considerades com a una categoria d'obreres inferiors a les d'altres rams. Es hora ja que demostreu que també sabeu organitzar-vos exigint el respecte degut contra qui sigui que intenti humillar-vos.

No feu cas de les monstruositats pròpies del que les diu, que en contra el Sindicat continuament vomiten les senyoretes (?) que no saben en què entretenir-se. Es el mateix interès que tenen en què no us organitzeu, per així poder continuar abusant de la vostra submissió.

Ja n'hi ha prou d'estar sotmeses a la voluntat de les vostres explotadores.

Demostreu que també teniu criteri, oposant-vos en seguir la hipòcrita moral de la senyora, tolerada per una religió cretina, responsable dels crims més grans que coneix la història.

Per la vostra alliberació moral i econòmica, passeu a inscriure-vos al Sindicat, en el que tots els dies laborables a la tarda, hi trobareu companys disposats a atendre i defensar les vostres justes aspiracions, junt amb les companyes que hi ha inscrites.

Pel Sindicat del Ram d'Alimentació

LA JUNTA

Sabadell, abril 1934.

Cooperativa Obrera d'Arts Gràfiques

Full volander de la Federació Local
de Sindicats de Sabadell, 1934. AHS

OBRERAS DEL HOGAR
ACUDID TODAS A LA CONFERENCIA QUE SE CELEBRARA EL DIA 3
EN EL SALON TEATRO en la CASA del PUEBLO

[Pàg. esquerra] Cartell de convocatòria a una conferència per a les treballadores de la llar. Madrid, 1937. Cantos. FPI

[Pàg. dreta, a dalt] Manifest del Sindicato de Obreras del Hogar. Madrid, 1937. UB-CRAI

[Pàg. dreta, a sota] *El Heraldo de Madrid* del 26 de gener de 1931. Domini públic. Fons de la BNE

LAS OBRERAS DEL HOGAR
a todas las afiliadas y obreras de la profesión en general:

COMPAÑERAS: Ante todo, un ruego os hacemos: No cojáis este manifiesto como si fuese un prospecto o anuncio cualquiera; cogedlo como algo nuestro, algo que nos interesa y que viene a indicarnos el camino liberador que, en estos momentos de gravedad, debemos seguir las mujeres que hasta hoy hemos constituído el sector social más humillado y escarnecido.

Hoy en día, compañeras, debido a la lucha que sostenemos contra los invasores de nuestra patria, la profesión de las trabajadoras del hogar está llamada a sufrir, como otras muchas profesiones, un cambio muy importante, un cambio muy esencial. Aquella muchacha campesina que, apenas pasaba de niña venía ignorante y sumisa, a servir a la ciudad por unos míseros duros al mes, sin descansar ni dormir lo suficiente y sin salir a la calle más que de tarde en tarde; aquella otra, de familia humilde y nacida en la misma ciudad, que venía obligada a pedir se le admitiese, por favor, para cuidar de los niños o para servir a la señora o al señor con una humildad rayana en esclavitud; aquellas otras que votan la candidatura de Gil Robles porque los señores se lo pedían en nombre de Dios y de una religión en que ellos mismos no creían; en nombre de una religión que bendice los obuses y las bombas destinadas a la destrucción de hospitales y hasta de las mismas iglesias; en nombre, en fin, de inmoralidades, y que sólo se dirigía a los humildes para nublarles la razón, para pedirles resignación y paciencia en los sufrimientos; para acallar sus protestas y descontento; o sea para servirles de opio o de adormideras; aquellas chicas, decimos, van sacudiendo su ignorancia y su miedo; por lo tanto, va desapareciendo rápidamente, y si algunas quedan en este estado, obligado será que desaparezca de ellas, y desaparecerá rápidamente, porque sus padres, sus hermanos, sus novios, con las armas en la mano, están forjando una España nueva, una España libre, donde ellas podrán vivir dignamente y ocupar el puesto que, como personas y mujeres, nos corresponde a todas por igual.

Pero las obreras del Hogar no debemos esperar a que los hombres que luchan nos lo den todo hecho.

Como las obreras de otras profesiones, debemos ponernos en pie, desechar la tibieza y decidirnos a poner nuestro grano de arena en el platillo de la balanza de nuestra victoria.

Las mujeres en general debemos capacitarnos con rapidez, para reemplazar al hombre cuando éste marche al frente; hemos de ir a la fábrica, al taller, al comercio, a la oficina; hemos de contribuir a asegurar la retaguardia y hemos de procurar que nada falte al combatiente.

Esto no quiere decir que todas las obreras del Hogar vayamos a desaparecer. Mientras haya algunos señores y señoras (que los hay todavía), tendrá que haber servidumbre. Pero una vez que la gran mayoría de las obreras vayamos a engrosar la producción, distribución, etcétera, la misma escasez hará que se estime el cometido de la Obrera del Hogar; lo cual, unido a una reglamentación del trabajo de la servidumbre particular, que hemos de conseguir, hará que dicha obrera sea estimada y ensalzada a la justa medida.

Ahora bien: Todo este trabajo, toda esta labor, toda esta situación a que aspiramos y tenemos derecho las Obreras del Hogar, no se logrará sin una base de organización. Nada se consigue sin organización; poco o nada puede conseguir una mujer o un hombre que trabajen aisladamente.

Un hombre organizado vale por diez al organizar; dos, por veinte; así sucesivamente. Esto es una realidad también en Obreras del Hogar. Las Obreras del Hogar tenemos un Sindicato bastante fuerte; bastante numeroso; pero hay que hacerlo más fuerte aún. No debe quedar ninguna muchacha, ninguna Obrera del Hogar fuera del Sindicato. Así nos hallaremos en mejores condiciones para llevar a cabo toda la labor que se refleja en este manifiesto.

Como decimos anteriormente, vamos a conseguir la reglamentación del trabajo en las casas particulares; vamos a conseguir las Obreras del Hogar tengamos nuestras horas libres para que podamos capacitarnos teórica y prácticamente para el desempeño de los cometidos de retaguardia y para que, continuando siendo Obrera del Hogar, lo seamos con la dignidad e inteligencia debida.

Como primer paso, nuestro Sindicato Obreras del Hogar celebrará una conferencia-mitin en la Casa del Pueblo, Piamonte, número 2, el día 3 del próximo mes de octubre, a las cuatro de la tarde. En ella se marcarán unas tareas, trabajos y una orientación para el futuro inmediato. Harán uso de la palabra tres camaradas designadas al efecto.

Más tarde, dentro de algunos días, se darán otros actos, que serán continuación de esta conferencia.

¡Viva nuestro Ejército del Pueblo!
¡Viva el Gobierno del Frente Popular!
¡Viva el Sindicato de Obreras del Hogar!
¡Adelante, con la capacitación de la Mujer!

Obreras del Hogar: acudid todas a la Casa del Pueblo. Salud, compañeras.

LA COMISION DIRECTIVA.

Madrid, septiembre de 1937.

Imp. "Máximo Gorki", Alburquerque, 18.

LAS POBRES CHICAS DE SERVIR
Interviú con la Lola
AHORA SERAN "OBRERAS DEL HOGAR"

Encontré la calle de la Abada tomada militarmente en la tarde dominical. Soldados de Infantería, de Caballería y de todas las Armas.

—¡Buen domingo!—pensé, alegrándome por quienes me alegraba.

Pero, no. Noté en seguida algo extraño. Aquella gente no se movía. Ni los militares ni los paisanos que estaban mezclados a ellos. Maruja, Angelita, Lucette... No; no; aquel grupo esperaba algo. Me acordé en seguida de que yo había escrito en mi «Manual del perfecto repórter» un artículo, el sexto, que decía así: «Todo buen repórter procurará captar lo más interesante de lo que parezca más vulgar, y no debe pasar de largo ni ante un cadáver encontrado en una escalera ni cerca de un grupo de soldados sin oficiales con ellos». Y aquí el caso. Entonces me acerqué a un Escolta real:

—¿Qué...? ¡Esperando un poquito?

—Sí, señor; a que bajen las chicas.

—¿A que bajen? ¡Cómo no suben ustedes?

—Porque es una reunión de ellas.

—Pero... ¿de quiénes?

Terció uno del Electrotécnico:

—Son nuestras novias. Las chicas de servir. Las que desde hoy se llamarán obreras del hogar.

El de la Escolta me aclaró todo:

—Sí, señor; se reunen aquí, en la Asociación General de Cocineros, para tomar acuerdos. ¡Hay que sindicarse! Mire usted... ya van saliendo.

Y, en efecto, el estrecho portal empezó a volcar de uno en dos una pequeña legión de criaditas de Madrid. Yo esperaba como uno más, estirando el cuello de jirafa entre las almenas del abrigo, buscando la mía. ¡Cuál podía ser mi criadita, Dios mío! Ellas se iban emparejando con aquellos hombres que habían sufrido la tentación y el siseo continuo de las sirenas cortesanas, y desaparecían, en brazados, hablando animadamente.

De las últimas salió una a quien no esperaba nadie. Salió a la Gran Vía y yo detrás de ella. ¡Flor de romance! Menuda y triguña, aún conservaba su moñito sobre la nuca lle...

"Las alegres chicas de servir", hoy conscientes proletarias, que ayer celebraron una reunión con objeto de constituir una Sociedad de resistencia en defensa de sus intereses. (Foto Luque.)

[Pàg. esquerra] Una minyona passeja un nen en cotxet, entre combatents republicans durant la Guerra Civil a Barcelona. ANC

[Pàg. dreta] Reclamació laboral de Maria Caldaré al sindicat El Servicio del Hogar, 1937. ANC

SINDICATO
EL SERVICIO DEL HOGAR
U. G. T.

Diputación, 275, 1.º, 1.ª / Teléfono 17063

BARCELONA, 2? de Agosto de 1.93?.-

Camaradas del Tribunal Industrial.

PRESENTE.-

La compañera Maria Caldaró presenta una reclamación contra el ciudadano Juan Carreras por haber sido despedida por el mismo.- Presentado en esta Secretaría nos comunica que no puede seguir teniéndola por falta de recursos, y que siendo, una mujer de faenas, pues la pagaba semanalmente dándola siete duros, estaba todo el día pero no dormía en casa, estaba dispuesto a darla como indemnización el importe de una semana de trabajo.-

Esta compañera niega terminantemente el que ella esté en concepto de limpieza, sino como "para todo", puesto que, aunque no dormía en casa hacía la labor de toda la casa, o sea, lavado, planchado, fregar suelos, cocina, etc, etc.- Esta compañera dice, que está dispuesta a marcharse siempre que la den la indemnización correspondiente a una muchacha "para todo".- El se niega rotundamente, pesar de las indicaciones nuestras, manteniéndose en la posición anteriormente citada, y en vista de que por último casi se la exigíamos, se marcha sin concretar nada, diciéndonos que hagamos lo que queramos, pues el cree, que la justicia está en darle la indemnización por él estipulada.- Creyendo, que la compañera está en su perfecto derecho de reclamar lo expuesto por ella, pasamos e asunto a vosotros para que resolvais como corresponda.-

EL SECRETARIO

Miting al Teatre Olympia, el 4 de febrer
de 1937. CNT-AIT, Sindicato Único del
Ramo de Alimentación, Sección Servicio
Doméstico. Col·lecció de Fulls Volanders
de l'AHCB

C. N. T. **Sindicato Unico del Ramo de Alimentación** A. I. T.

S E C C I Ó N

SERVICIO DOMESTICO

Para el próximo Jueves, DIA 4 DE FEBRERO, a las 5 de
la tarde.

IMPORTANTE MITIN

de orientación sindical e ideológica en el

TEATRO OLYMPIA

dedicado a las sirvientas de Barcelona, en el cual harán uso de la
palabra los compañeros

**FRANCISCO LOPEZ   NATI MULET
ENRIQUE SANCHIS   MANUEL SIMÓ
PEDRO ABRIL**

Presidirá SILVESTRE por el Comité del S. U. R. A.

Dada la importancia y trascendencia de este acto, en el cual son
afectadas todas las compañeras que actualmente se hallan todavía en el
triste lance de servir, o bién de aquellas muchachas que los actuales
acontecimientos les ha deparado una suerte adversa, encerrando un gra-
ve peligro moral, se ruega a todas ellas no dejen de asistir, como a todas
las compañeras que les interesa esta cuestión, que es la de todos los
auténticos revolucionarios, para aportar con su presencia y entusiasmo
nuevas energías a la lucha por la emancipación total.

¡Por la Revolución Proletaria Española!
¡Sin desfallecer!   ¡Adelante!

La Comisión Organizadora

LEED Y PROPAGAD LA PRENSA Y LIBROS ANARQUISTAS
QUE SON ARMAS EFICACES CONTRA EL FASCISMO
INGRESAD EN LAS JUVENTUDES LIBERTARIAS

Imp. PULCRA, Cerdeña, 336. - Barcelona

[A dalt] Reportatge a la revista *Estampa* del 4 d'abril de 1936. Font: BNE

[A sota] "Les companyes que efectuen la neteja de la Casa CNT/FAI", 1936-1938. Archivo Fundación Anselmo Lorenzo (CNT)

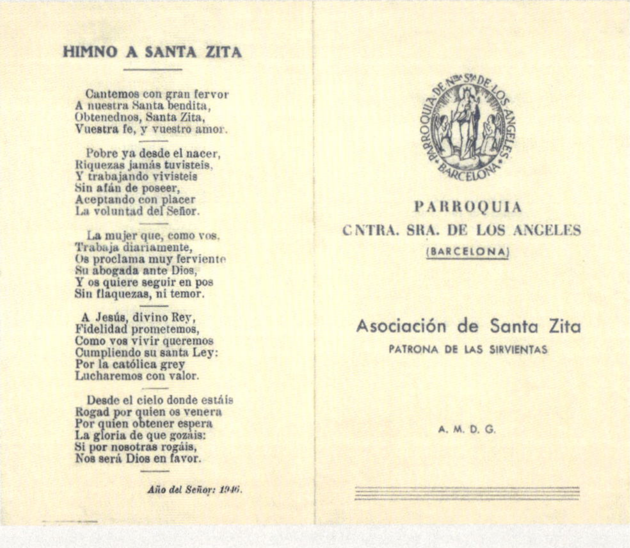

HIMNO A SANTA ZITA

Cantemos con gran fervor
A nuestra Santa bendita,
Obtenednos, Santa Zita,
Vuestra fe, y vuestro amor.

Pobre ya desde el nacer,
Riquezas jamás tuvisteis,
Y trabajando vivisteis
Sin afán de poseer,
Aceptando con placer
La voluntad del Señor.

La mujer que, como vos,
Trabaja diariamente,
Os proclama muy ferviente
Su abogada ante Dios,
Y os quiere seguir en pos
Sin flaquezas, ni temor.

A Jesús, divino Rey,
Fidelidad prometemos,
Como vos vivir queremos
Cumpliendo su santa Ley:
Por la católica grey
Lucharemos con valor.

Desde el cielo donde estáis
Rogad por quien os venera
Por quien obtener espera
La gloria de que gozáis:
Si por nosotras rogáis,
Nos será Dios en favor.

Año del Señor: 1946.

PARROQUIA
CNTRA. SRA. DE LOS ANGELES
(BARCELONA)

Asociación de Santa Zita
PATRONA DE LAS SIRVIENTAS

A. M. D. G.

[Pàg. esquerra, a dalt] *Vidas ejemplares: Santa Zita*, 1965. OVQ

[Pàg. esquerra, a sota] Santa Zita, la patrona de les serventes, s. d. OVQ

[Pàg. dreta] Curs de cultura general per a dones del servei domèstic a l'escola Julio Ruiz de Alda de Madrid, 1967. MCD. AGA. Fons de la Delegación Nacional de Sección Femenina

Curso elemental de Cocina y de Corte y Confección

dará comienzo el 15 de enero en la

Escuela Hogar de la Sección Femenina

PUEDEN INSCRIBIRSE TODAS LAS JOVENES, SEAN O NO AFILIADAS

Salas

ESCUELA HOGAR

DE LA S.F. DE F.E.T. Y DE LAS J.O.N.S.

Escuela de Hogar

El combatiente que lucha hoy por defender los hogares de España, querrá mujer inteligente y laboriosa que sepa conducir y embellecer la casa, cuidar los hijos y prepararlos para la vida.

Mujer:

Acude a inscribirte en los cursos de

Escuela de Hogar

de Falange Femenina

CLICHÉS "CABRERA BENITEZ" TENERIFE

Diapositives per projectar de la
Sección Femenina de FET y de las
JONS, 1940-1950. BRM

[Pàg. esquerra] *Nuestra Casa. Revista del Montepío Nacional del Servicio Doméstico*, 1959-1960. BNE

[Pàg. dreta] Montepío Nacional del Servicio Doméstico, s. d. OVQ

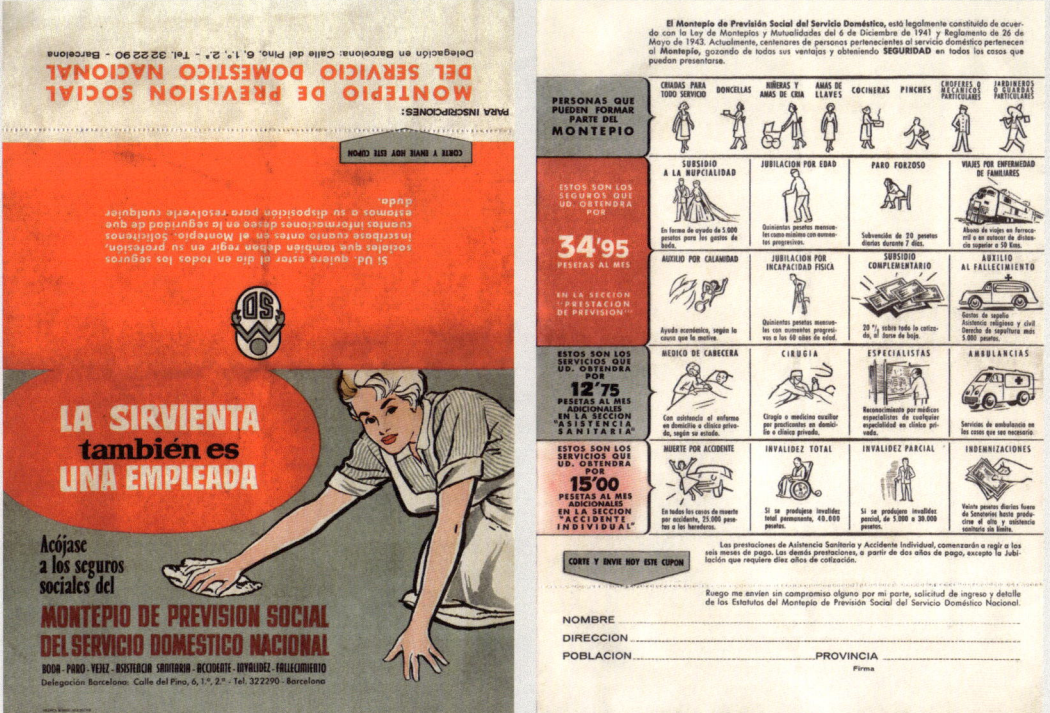

[A dalt] *¡Cómo está el servicio!*, dirigida per Mariano Ozores, 1968. Album

[A dalt] *Las que tienen que servir*, dirigida per José Maria Forqué, 1967. Ágata Films / Album

[A sota] *Chica para todo*, dirigida per Mariano Ozores, 1963. Jano, Vegap, Barcelona, 2026

AMA DE CASA: Procura que las personas de tu servicio doméstico que no sepan leer y escribir asistan a las clases de alfabetización, si tu misma no puedes alfabetizarlas o alguien no puede hacerlo en tu propio domicilio.

CAMPAÑA NACIONAL DE ALFABETIZACION

Gráficas Incror Depósito Legal B. 9863 · 1964

[Pàg. esquerra] Campanya nacional d'alfabetització, 1964. Font: BNE

[Pàg. dreta] Cartell de la Juventud Obrera Católica, s. d. UPS

[Pàg. dreta] Document de la Juventud Obrera Católica, 1970. UPS

[Pàg. esquerra, a dalt] Manifestació davant de la seu del Ministeri del Treball de Madrid, el 13 d'abril de 1978. Agència EFE

[Pàg. esquerra, a sota] Concentració de treballadores de la llar a Madrid, el 2 de febrer de 1978. F1M

[Pàg. dreta] Propaganda del sindicat CCOO dirigida a les treballadores del servei domèstic, 1976. UA

Trabajador, Trabajadora del Servicio Doméstico:

El día 2 de Febrero se ha realizado una concentración de trabajadores del Servicio Doméstico ante el Ministerio de Trabajo, convocada por la Coordinadora de Centrales Sindicales e Independientes.

Una comisión formada por un representante de cada Central entró a hablar con el Secretario General Técnico del Ministerio de Trabajo, Sr. Bailos, mientras cerca de 300 compañeras esperaban en concentración la respuesta con pancartas pidiendo un contrato de trabajo, Ordenanza Laboral e igualdad de derechos con los demás trabajadores.

El representante del Ministerio de Trabajo estuvo de — acuerdo con la Ordenanza, para cumplir lo establecido en la Ley de Relaciones Laborales en 1.976 y en que esa Ordenanza se negociará con representantes de los trabajadores antes de primeros de Abril de este año. — Por eso se quedó en dar un plazo de 15 días para recibir contestación — del Ministro de Trabajo.

No hay que dejar pasar esta ocasión para que el millón — de trabajadores que somos en el Servicio Doméstico en toda España consigamos los mismos derechos que los demás trabajadores:

- Un Contrato de Trabajo
- Un salario mínimo
- Vacaciones pagadas
- Seguro de paro
- Seguro de enfermedad, accidente y martenidad como los demás trabajadores.

Todo esto no se conseguirá si no nos unimos todos para — pedirlo.

AFILIATE A CC. OO. ¡ LA UNION HACE LA FUERZA!

C/ Ancora, 38 o en el local de CC. OO. de tu barrio.

[A dalt] Propaganda de CCOO.
Fundació Cipriano García - CCOO
Catalunya

[A sota] Propaganda de CCOO. OVQ

COMPAÑERAS EMPLEADAS DE HOGAR

Todas sabemos las injusticias que sufrimos diariamente

Estas injusticias ya empiezan a cometerse en nuestros pueblos,la tierra no nos da para nada después de tanto trabajo.

No tenemos medios para formarnos culturalmente ni de ninguna otra manera.

Pero todo esto está muy pensado por toda esta gente que tiene el poder y el dinero.Les conviene que los pueblos estén así para que tengamos que emigrar y venir a servirles y trabajar sus fábricas; de esta forma ellos van acumulando cada vez más dinero a costa de nuestro trabajo.

ESTOS SON LOS DERECHOS QUE ELLOS NOS DAN

-Hora para levantarse, pero nunca para acostarse.
-Hora para entrar pero no para salir.
-No tenemos fiestas libres.
-Nos hacen subir por el montacargas como bultos.
-Comemos en la cocina.
-Nos pueden echar a la calle cuando la señora quiere.
-El subsidio de la vejez es una miseria, etc.,etc.,

UNAMONOS Y LUCHEMOS

-Por un horario de 8 horas
-Las fiestas libres.
-Por una seguridad en el trabajo.
-Para que podamos vivir dignamente cuando no podamos
        trabajar.
-Para que se nos tenga en cuenta y seamos respetadas
        como personas.
-Por un sindicato donde podamos defender nuestros dere-
                                      chos.

Una de las cosas más humillantes es el que nos hagan subir por un ascensor distinto,solo porque no tenemos lo que ellos tienen: dinero. Como si la persona se midiera por lo que tienen,sinó por lo que vale;cuando ese dinero que tienen es robado de todos los-trabajadores.

Tomemos conciencia de nuestra situación,nosotras y nuestras compañeras y unámonos a todos los que en distintos trabajos que el nuestro están explotados.
EMPECEMONOS A HACERNOS RESPETAR NEGANDONOS TODOS JUNTOS A SUBIR POR EL MONTECARGAS=

Nuestra unión sera la que haga que todo esto se lleve a cabo.

Vuestras compañeras

                            EMPLEADAS DE HOGAR

Fulls volanders del PSUC, 1974-1976.
ANC

[A dalt] Adhesiu del Sindicato Unitario, 1978. UB-CRAI

[A sota] *Mundo Diario* del 17 de desembre de 1977. Font: AHCB

EMPLEADAS DE HOGAR EN LUCHA

POR UN CONTRATO DE TRABAJO — SEGURIDAD SOCIAL GENERAL

VACACIONES — SINDICATO UNITARIO — PAGAS EXTRAS

Empleadas de hogar

En la calle, a por sus derechos

(Redacción.) — «Empleadas de hogar exigimos: contrato de trabajo, Seguridad Social general, vacaciones. SU de Empleadas de Hogar». Con esta pancarta en cabeza de la manifestación, grupos de trabajadoras de este sector recorrieron ayer las Ramblas barcelonesas en reivindicación de unos derechos que vienen exigiendo desde hace largo tiempo. Reivindicaron que, día a día, cobra mayor fuerza.

Las empleadas de hogar, y concretamente las enmarcadas en el SU, presentaban hace algunos meses ante el Ministerio de Trabajo su proyecto de Ordenanza Laboral, en la que quedan recogidos todos los aspectos que puedan tender a normalizar y legislar unas relaciones laborales hoy por hoy absolutamente incontroladas. (Foto Europa Press.)

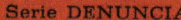

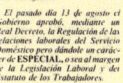

[Esquerra] "Yo, la chacha", de María Arrondo, 1976. OVQ

[Dreta] Article del Grupo de Sirvientas Independientes publicat a *Hoja Informativa*, 1 de gener de 1986. Associació Cultural Hoja Informativa

Rebomboris, una proposta escènica col·laborativa que deriva del projecte artístic-comunitari "Xarxa de cures, ahir i avui", 2018. Joan Tomás, Sindillar

Jornades organitzades en el marc del Dia Internacional de les Treballadores de la Llar i de les Cures, 2022. Sindillar

Sindillar-Sindihogar, el primer sindicat
independent de dones migrades treballadores
de la llar i les cures de l'Estat espanyol, va
néixer l'any 2011 a Barcelona. Sindillar

BRIGITTE VASALLO

ÉS COMPATIBLE SER FEMINISTA I TREBALLAR EN EL SERVEI DOMÈSTIC?

Durant uns anys vaig treballar de netejadora. Quan parlo d'això ara, sembla que sigui una broma, un experiment sociològic o una excentricitat. No ho va ser. Vaig treballar de netejadora perquè no podia accedir a cap altra feina. Sense estudis, sense recomanacions, sense conèixer ningú, sense saber ni com buscar feina… res. Ignorava també que, com més treballava de netejadora, més inaccessible era qualsevol altra cosa, fins i tot arribar a publicar llibres. De la mateixa manera que hi ha feines socialment prestigioses que donen un halo a qui les exerceix, que es vanten de ser advocades, actrius o filòsofes fins i tot quan van a comprar el pa, n'hi ha que no et permeten ser cap altra cosa, 24 hores al dia, fins i tot després d'haver-te tret l'uniforme, que se't queda enganxat a la pell com l'olor dels productes desinfectants, que et persegueix. Una netejadora pot escriure de la seva vida com a tal, com a màxim, si té molta sort, però què més pot aportar algú que neteja terres per guanyar-se la vida?

Faig servir el gènere neutre, aquest "algú", de manera intencionada. Hi ha molts homes que fan feines de neteja, tot i que potser no a les cases, i aquest imaginari que atribueix només a les dones les feines domèstiques forma part de l'estereotip.

El 2024 vaig tenir la sort que em convidessin al Festival de Literatura Working Class de Campi Bisenzio, a Florència. Vaig acceptar la invitació per conèixer el col·lectiu de la fàbrica GKN, obrers i obreres que estan sostenint l'ocupació de fàbrica més llarga de la història d'Itàlia. Però, pel que fa al festival de literatura, esperava enfrontar-me a una colla de *pijos* que parlessin des d'un marxisme après a les universitats sobre l'alliberament de la classe obrera i totes aquestes merdes. Ho esperava perquè era la meva experiència prèvia: colles d'escriptors *pijos* alliberadors. El logo del festival, preciós però estereotípic, no hi ajudava: una simbiosi entre tornavís i estilogràfica, la *working class* masculinitzada. No va ser així: l'experiència d'estar entre escriptors i escriptores de la classe obrera, ni tan sols descendents sinó pencaires, va ser una vivència de llar literària que mai havia sentit i que guardo com un tresor. Vaig demanar disculpes pel prejudici, però vaig manifestar la meva inquietud pel logo. Amb Alberto Prunetti, el director, l'autor d'aquell llibre sobre l'amiant que va matar el seu pare i tants d'altres, en vam parlar àmpliament: ell també havia treballat en la neteja. Pot, llavors, un tiràs, un pal de fregar, representar la classe obrera tant o més que un tornavís?

A París hi ha un barri, el XVI, on va emigrar tota la meva gent camperola de Chandrexa de Queixa. És un barri de rics on van anar ocupant les *chambres de bonne*, a les golfes o als soterranis dels edificis on prestaven servei com a internes. La meva mare, com la majoria de les meves veïnes, van emigrar al començament dels anys seixanta per treballar en aquelles cases, per tenir cura d'aquelles criatures en comptes de les seves. Ells treballaven a les fàbriques i, segons m'expliquen, algunes nits atenien en els banquets que es feien a les cases on treballaven elles. "Servien" és el verb. Servir.

Quan vaig començar a netejar va ser una hecatombe. Per a això tant d'esforç, em deien, per a això? L'expectativa d'una millora de les condicions de vida era alta, però en el meu cas es van oblidar de creuar-ho amb la violència que vivíem a casa i que em va impedir estudiar. Conec altres casos en què els estudis van ser, precisament, la taula de salvació davant d'aquesta violència i sempre em pregunto per què jo no vaig saber agafar-m'hi.

Netejar mai va ser una feina dolenta, al contrari. Dolentes eren les condicions laborals. Hi ha alguna cosa de la part mecànica que se'm feia còmoda. Hi ha alguna cosa també en el fet d'ordenar, de netejar, que deu activar circuits de benestar, encara que sigui ordenar sense cap final, ordenar perquè sigui desordenat. Primer van ser pisos; netejar en pisos quan jo, sincerament, ni tan sols sabia netejar. Aquí sentia una indefensió: sentia clarament que, si hi havia situacions d'abús, seria difícil defensar-se. Penso en les meves veïnes de Queixa, més indefenses materialment en el seu moment que jo, i en totes les altres companyes migrants, més indefenses materialment que jo. En el meu cas, només no podia permetre'm perdre la feina ni guanyar-me fama de problemàtica.

Només. Els límits de les meves obligacions eren completament difusos: a algunes de les meves ocupadores no els agradava com quedaven els terres quan feia servir un pal de fregar i, per tant, calia netejar-los de genolls. Aquest era un clàssic que es va anar repetint en els altres llocs: els genolls. En una altra casa, on no em tractaven especialment malament, netejava les habitacions de gent de la meva edat que tenia escampats per allà els apunts de la universitat. Sempre que, posteriorment, se m'ha acusat d'intrusisme laboral per exercir funcions sense tenir la titulació necessària, m'he recordat d'aquestes habitacions. Sempre que, des dels feminismes, quan vaig començar a publicar, es preguntava obertament "i aquesta d'on surt?", em recordava d'aquestes habitacions.

Entrar a treballar en la neteja d'hotels va ser un ascens social: ja podia ensenyar un currículum amb experiència de netejadora, així que vaig aconseguir tenir contracte i alguna cosa semblant a drets laborals. Però les condicions eren terribles. Estar de corretorns era el pitjor, perquè no podies organitzar-te les tasques d'un dia per a l'altre, i havies de canviar de zones carretejant els llençols, les tovalloles i els estris de neteja sense tenir ni tan sols un carro propi per organitzar-te. El volum de feina era descomunal, les habitacions mai estaven dissenyades pensant que algú hauria de netejar-les, amb llits que pesaven molt i que calia moure, amb banyeres tan mal col·locades que t'hi deixaves l'esquena sí o sí, i el maltractament per part de la clientela i de la resta de treballadors dels hotels, on hi ha un classisme difícil de creure, només empitjorava la situació. Ens obligaven a fer servir productes tòxics que ens deixaven la gola cremada durant dies i ens recomanaven beure molta llet per desintoxicar-nos. Des de llavors fins ara les condicions han empitjorat, encara que pugui semblar que hi ha poc marge per empitjorar. Jo tenia, a més, una por especial als suïcidis. En els torns de tarda, cada vegada que sentia l'aigua rajar en una habitació m'imaginava que em trobaria l'escena i que hauria de netejar-la. A mi no em va passar, però a algunes de les meves companyes sí.

Sé que el treball domèstic va ser un debat important en els feminismes de l'Estat espanyol en la dècada de 1980 i que va tenir un moment de repunt el 2013, quan Beatriz Gimeno va publicar un article a la revista *Pikara* que no he llegit perquè m'aclapara el plantejament mateix. Es titulava: "És compatible ser feminista i tenir treballadora domèstica?". On ens deixa això a les treballadores domèstiques? Des d'on podem llegir aquest text? Hem d'exposar-nos a un debat en què les nostres ocupadores es plantegen si és legítim donar-nos feina? No inclou el plantejament mateix la il·legitimitat de la nostra tasca? He de llegir el text d'algú que se situa naturalment en el lloc de l'ocupadora per sentir la meva opinió sobre el treball domèstic com a legítima? Per què no vaig contestar aquell text ni vaig intervenir en aquell debat ni he escrit res sobre això fins ara? Diverses respostes sobre la marxa: perquè tenia por que se m'encasellés una altra vegada únicament com a netejadora, perquè tenia por que això generés el menyspreu de classe que encara sento envers la meva persona als cercles literaris, perquè no pensava que jo entengués el debat en tota la seva profunditat, tot i ser-ne part integrant, però des del costat silenciat, perquè no pensava, ni penso encara potser, que la meva experiència com a netejadora sigui prou legítima perquè, al cap i a la fi, avui dia ja no netejo com a feina.

He vist una vinyeta de Mamen Moreu que, diuen, resumeix a la perfecció l'article de Gimeno. I em sobresalta la confusió entre la feina i les condicions de treball, com si hi hagués alguna cosa intrínsecament menyspreable en l'ofici i no en les condicions en què es duu a terme, com tornant la culpa a la víctima de l'abús classista.

Tot i així, no he llegit l'article. Tant de bo tot sigui una confusió i la meva opinió estigui equivocada.

Al XVI *arrondissement* de París, on treballaven la meva mare i les meves veïnes de Queixa, va néixer i va morir Solange Fasquelle, una escriptora francesa de renom en el seu moment, filla del duc Jean de La Rochefoucauld i d'Edmée de La Rochefoucauld, duquessa per matrimoni, filla, al seu torn, de comte i de comtessa, en un llarguíssim etcètera nobiliari que, per molt carregós que sigui, no és menys fascinant. Solange era feminista i, entre altres coses, va instaurar el premi literari Femina per denunciar el masclisme del premi Goncourt. Va ser nomenada cavallera de les Arts i les Lletres i va obtenir la Legió d'Honor, així com diversos premis al conjunt de la seva obra. En la seva bibliografia, extensa, hi destaca un llibre: *Conchita et vous. Manuel pratique à l'usage des personnes employant des domestiques espagnoles* ("Conchita i vostè: manual pràctic per a ús de les persones ocupadores de treballadores de la llar espanyoles"). El llibre, ple d'il·lustracions vexatòries per a les treballadores, ple d'estereotips i prejudicis, pretén acompanyar, en to simpàtic, els nombrosos problemes que ha de vorejar una *pija* amb la seva treballadora migrant. S'assegura de ser correcta amb la legalitat i recorda al seu públic que és obligatori donar-les d'alta a la Seguretat Social (fa aquí una picada d'ullet al fet que les treballadores ni ho saben, però que a França les coses no són com a Espanya), els recorda el salari legal i el temps obligatori de vacances pagades. També fa al·lusió al fet que, possiblement, vindran carregades de criatures i de familiars. És cert que França permetia les reagrupacions familiars, encara que poques dones podien optar a portar-hi les seves criatures per un clar problema de xarxa de cures. Però països com el Regne Unit feien proves ginecològiques a les migrants del sud d'Europa per assegurar-se que no arribaven embarassades al país.

Què va portar Solange Fasquelle a escriure aquest llibre? No paro de donar-li voltes: no tenia cap necessitat econòmica que la portés a prendre decisions estúpides, el llibre no té cap valor literari i, de fet, ni tan sols apareix en algunes de les seves biografies en línia. Què la va portar a escriure això, a dedicar-hi temps i donar-hi espai a la seva bibliografia?

Els meus pares eren a París durant el Maig del 68 i ho van explicar sempre amb por. Explicaven que veien els carrers tallats, que hi havia barricades i que pensaven que s'acostava una guerra. Jo sempre els vaig desdenyar per aquesta por, sempre vaig sentir menyspreu per allò que entenia com a ignorància, per no adonar-se que allà s'estava coent la revolució que milloraria també les seves condicions de vida, un gran moment de la història. Aquell any, Pasolini va publicar un poema adreçat als i a les estudiants en el context de les mobilitzacions a la Facultat d'Arquitectura de Valle Giulia. En la seva part més polèmica, deia així:

> A Valle Giulia, ahir, es va produir un episodi de lluita de classes, i vosaltres, estimats (si bé estàveu al costat de la raó), éreu els rics, mentre que els policies (que estaven del costat equivocat) eren els pobres. Bonica victòria, aleshores, la vostra!

Conchita et vous va ser publicat per Albin Michel, la prestigiosa casa editorial, l'any 1968.

Quan vaig publicar *Pensamiento monógamo, terror poliamoroso*, llibre coeditat per mi, ja que encara no tenia el circuit necessari per trobar una editorial que apostés plenament per la meva feina, una gran llibreria de Barcelona va anunciar la presentació amb una imatge del llibre entre productes de neteja i vaig entrar en pànic. Era com si m'haguessin descobert, com si em tornessin a encasellar, col·locant el llibre entre els llibres que escriu la gent que no escriu llibres. Com si, just quan començava a arrencar en la professió que sempre havia volgut que fos la meva, la d'escriptora, un passat fangós i vergonyant m'hi tornés a arrossegar. Vaig demanar explicacions a la llibreria i em van dir alguna cosa així com que era "una representació artística de l'espai íntim de les relacions amoroses". Ara que he anat als arxius a recuperar la foto, se m'ha tornat a accelerar el cor, tinc la respiració agitada i em tremolen les mans.

Brigitte Vasallo

Filla d'una família pagesa gallega expulsada del camp, es dedica a l'escriptura i a la recerca, centrada en els mecanismes de pertinença i alteritat.

ELENA
G. FRAJ HERRANZ

LLAMPECS D'IMAGINACIÓ

Quan algú s'adonava de la seva extraordinària memòria, amb aparent humilitat i en un exercici d'ironia, ella responia que la memòria era el privilegi dels ximples, però que no recordava on ho havia llegit.

Era en un altre temps i en una altra casa envoltada d'éssers estranys, desconeguts i fantasmals. Alguns apareixien de tant en tant a taula a l'hora de dinar. Els invocava com si celebréssim una sessió espiritista mentre explicava qui li havia ensenyat a cuinar el plat que teníem al davant. Gairebé tot el que sabia ho havia après quan estava a casa del metge. El verb és important: no deia quan "vivia", sinó quan "estava". No és el mateix viure que estar: es pot estar en un lloc i després te'n vas i llestos. *Viure* té connotacions més profundes, per descomptat. D'aquest "estar" en el passat explicava anècdotes que apareixien per ocupar el nostre "viure" en el present. Així, podíem imaginar unes pretèrites boques devorant aliments mentre anava i venia. Si bé ella era una boca més per alimentar, se li donava de menjar a part, a la cuina. Durant vint-i-quatre hores al dia cuinava, netejava, feia la compra i consolava els fills dels senyors. Es podria dir que la meva mare, abans de ser la nostra mare, va ser mare d'altres. Va ser una mena de premare, va rebre un exigent entrenament que la va catapultar a ser la mestressa de casa perfecta. Ella i totes les de la seva classe van ser les millors mans d'una generació que va sostenir una societat sencera. Formades en competències diverses, hàbils, ràpides i llestes, les dones pobres del tardofranquisme van treballar com a treballadores de la llar internes, com a "criades".

La investigadora Laura Oso explica, a la seva tesi *La migración hacia España de mujeres jefas de hogar* (1997), que, a partir de mitjan segle XIX, les feines de serveis es van feminitzar. Més tard, durant les dècades dels anys seixanta i setanta, prop d'un milió de dones van migrar d'entorns rurals a les ciutats (sense comptar les que van marxar a l'estranger) per fer de treballadores de la llar. Vaig descobrir aquestes i altres aproximacions durant la recerca que vaig fer, pels volts del 2005, motivada per la necessitat de situar les anècdotes que explicaven les dones de la meva família. M'impactava, entre altres coses, saber que la meva mare havia començat a treballar com a interna als 16 anys i que la meva tia, amb 13 i també com a interna, tenia cura d'una nena de la mateixa edat. Imaginar una menor, encara que fos adolescent, cuinant i rentant la roba a mà d'una altra nena com ella em resultava tan absurd com pervers.

El resultat d'aquesta recerca va cristal·litzar en un vídeo documental que tenia l'objectiu d'instituir, encara que fos només visualment, aquestes dones com a agents productius i subjectes de la història obrera. Sense adonar-me'n vaig fer un exercici del que Marianne Hirsch anomena postmemòria a *Marcos familiares. Fotografía, narrativa y posmemoria* (1997). L'experta en estudis visuals entén aquest terme com una memòria distanciada, imaginada i sobretot afectiva, que apareix en les generacions posteriors als supervivents de l'Holocaust o altres esdeveniments col·lectius traumàtics. En aquesta línia, l'escriptora Eva Hoffman afirma que aquesta memòria està formada per una mena de "llampecs d'imaginació" (els que donen títol a aquest text).

A les històries familiars sobre la feina s'hi suma l'experiència del meu avi matern, que, al voltant del foc a terra de la casa del poble, ens explicava el seu periple per les presons franquistes. Va ser delatat per alguns veïns de l'època (no va saber exactament quins fins fa uns anys, quan vam aconseguir accedir als arxius militars que custodiaven el document del judici sumaríssim). La meva família materna va sobreviure en la intimitat al trauma provocat per les tortures, la fam i la reclusió. Aquest fet no és menor, ja que la repressió i el control de la dictadura es propaga a les generacions següents de manera que, quan la meva mare i la meva tia deixen el poble per servir a les cases de les classes adinerades, han d'ocultar el seu origen republicà i represaliat.

La memòria familiar, com la de tants altres, és una amalgama de lluites i resistències amb unes ramificacions que arriben fins al present i que, paradoxalment, em conviden a recordar allò que no he viscut. Recordo les històries dures, les anècdotes divertides, l'humor negre, la burla cap al poder i els ulls més dolços al voltant del foc, un foc popular que ens va fer germinar en un futur diferent. Com si ens abracessin el blat i l'ordi de les terres que van abandonar perquè no els van poder alimentar, ens van abocar tant al desarrelament com a la possibilitat. Els seus cossos se n'han anat i les seves històries, sense justícia ni reparació, han quedat arrapades com petits focs als nostres ulls, com llampecs d'imaginació.

La primera imatge està feta, segurament, en el moment abans de sortir a gaudir de la ciutat durant l'única tarda lliure que tenien a la setmana. La Milagros (la meva mare) i la Josefina, conscients de la càmera però poc acostumades a la seva presència, amb prou feines saben posar. A la segona escena, més espontània, la meva mare és fotografiada mentre treballa. En totes dues imatges, les mirades mostren una certa confiança. Sembla que va ser la filla de la família, una noia adolescent, la que va fer les fotografies (elles, evidentment, no tenien càmera). Potser els ulls propers d'una jove com elles les van convidar a somriure. El resultat no hauria estat el mateix si la fotografia l'hagués fet la senyora de la casa, la mestressa. Amb la primera imatge comença l'arxiu visual obrer de la meva família i amb la segona acaba. Som davant d'un arxiu breu compost per dues imatges petites que, no obstant això, tenen un profund efecte sobre mi. Les fotografies, explica Roland Barthes, poden generar una connexió emocional, no pel que mostren explícitament, sinó pel que evoquen de manera íntima. Barthes anomena aquesta característica *punctum*, una punxada que ens mobilitza de manera personal i emotiva gràcies a un aspecte particular. El rostre de la mare, de la progenitora, és el *punctum* màxim

[Llampec 2]
[Imatges que punxen]

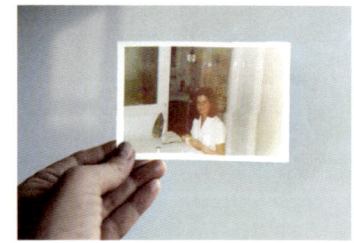

de la nostra mobilitat emocional. En un altre nivell de categorització, l'*studium* és el terme que l'autor utilitza per assenyalar l'interès social o cultural d'una imatge. Aleshores, quin sentit té la publicació de cares, siguin fotografies o dibuixos, de persones anònimes? La importància no rau en les imatges en si sinó en la combinació d'aquelles que punxen amb les que són socialment reconegudes. Neix així una nova categoria, el punt de trobada entre el *punctum* i l'*studium*. Mitjançant l'associació d'unes i altres, com si fóssim davant d'un muntatge cinematogràfic, els textos visuals personals punxen els socials, posen cos als documents històrics, responen amb vides humanes als arxius del poder. Per tant, les imatges d'aquest llibre esdevenen un arxiu que ens commou i ens mobilitza, que és afectiu, històric i, per què no, militant.

[Llampec 3]

[Escena 2 int., dia] La senyora de la casa crida la criada i la convida a abandonar les seves tasques per seure al seu costat al sofà. Amb cura i delicadesa, obre un llibre i, dolçament i en veu alta, llegeix el passatge següent:

> Un dia, la filla gran li va dir a la seva germana petita: "El nostre pare ja és molt vell, i per aquí no hi ha cap home amb el qual puguem casar-nos per tenir fills. Emborratxem el pare! Així ens en podrem anar al llit amb ell, i tindrem fills seus". Aquella mateixa nit el van emborratxar, i la filla gran va tenir-hi relacions sexuals. Així va ser com elles van quedar embarassades del seu pare.

[Tècniques d'estat]

Si digués que aquesta escena pertany a la pel·lícula *Diario de una camarera* (Luis Buñuel, 1964), on el director critica la moral burgesa alhora que es permet deixar anar els seus desitjos patriarcals (que és el que feia Buñuel amb el seu cinema) seria creïble. Però no és una pel·lícula, és una altra anècdota familiar. Una de les senyores per a les quals va treballar la meva mare l'obligava a escoltar la lectura de la Bíblia fins que, una vegada, va llegir aquest fragment. La Milagros callava mentre l'altra llegia, però, gràcies al fet que els meus avis l'havien educat silenciosament en un ateisme ben fonamentat durant generacions, la seva perspectiva crítica li va permetre posar en qüestió l'intent d'adoctrinament. Que aquella mestressa la volgués educar no va ser un fet aïllat, sinó que el paternalisme ideològic formava part de tota una estructura desplegada a través de diverses tècniques de la dictadura. La historiadora Eider de Dios, al seu article "¡Y la criada salió respondona! Las trabajadoras del servicio doméstico en la Guerra Civil y la posguerra (2024)", argumenta que el franquisme tenia molt clar que les treballadores de la llar eren un cos que calia controlar, ja que s'havien organitzat en sindicats (UGT i CNT) durant la República. D'altra banda, la seva posició subalterna els havia atorgat una mirada parcial però privilegiada, en paraules de Donna Haraway (*Ciencia, 'cyborgs' y mujeres: La reinvención de la naturaleza*, 1995), que van aprofitar durant la Guerra Civil per passar informació al bàndol republicà sobre les famílies feixistes (cosa que també va passar a la inversa, sembla, en menor mesura). El control de les dones va ser doble: no només les van desposseir de drets laborals sinó que també les van tractar de manera paternalista. En aquest sentit, organitzacions cristianes rebien les futures treballadores de la llar, les instruïen en els aspectes laborals i les formaven en la ideologia de la Secció Femenina. Seguint aquest desplegament de tècniques s'instava les senyores de les famílies ocupadores a reprendre aquesta instrucció. En el cas de la meva mare, l'organització cristiana que la va rebre era dirigida per l'Opus Dei. Ella i les seves companyes (recordem, menors d'edat) van ser obligades a planxar la roba dels estudiants del col·legi major masculí Miraflores (Saragossa) i a resar durant hores en la foscor. Fruit d'aquests càstigs mentals i corporals, una cosina seva va ser captada per aquesta secta, de la qual no va poder sortir.

Si bé aquestes cases burgeses van ser una mena de centres de modelatge de "cossos dòcils" (seguint la reflexió de Foucault sobre la presó), també van ser espais ambivalents. La casa pot assemblar-se a una presó de dones, però venint de la pobresa extrema d'on venien, aquestes feines suposaven una millora de les seves condicions materials. Les dones de la meva família relaten la felicitat que sentien en obrir les portes dels rebosts i trobar-hi aliments variats, desconeguts i, sobretot, en abundància. Cal afegir que les ciutats van oferir certa llibertat en la naixent cultura pop a través de la música, el ball i el cinema. No obstant això, l'aparell de la dictadura no només va mirar de controlar aquestes fugues a través de la censura sinó també mitjançant la producció d'imaginaris ideològics cinematogràfics, incloses les comèdies del tardofranquisme dedicades a les serventes. Segur que ens venen al cap de seguida actrius com Gracita Morales, Concha Velasco o Amparo Soler Leal, però m'agradaria esmentar els directors (homes) d'aquests artefactes ideològics (José M. Forqué, José Luis Dibildos, Mariano Ozores, Agustín Navarro) i també les productores (Ágata Films, Filmayer, PEFSA). L'impacte popular d'aquestes representacions va tenir resposta en un bon nombre de produccions audiovisuals de format híbrid posteriors en el temps i distribuïdes de manera no *mainstream*. Amb la investigadora Soliña Barreiro vam escriure l'article "Las estrategias visuales de la lucha: trabajadoras de la limpieza y del hogar en las formas fílmicas híbridas de enfrentar lo real en España (2000-2020)", en què vam recollir sis títols: *Hotel explotación* (Cisquella, 2018), *Organizar lo (im)posible* (Matamalas i Gomila, 2017), *En otra casa* (Rousselot, 2015), *A las puertas de París* (Horno i Fernández, 2008), *A la deriva: por los circuitos de la precariedad femenina* (Colectivo Precarias a la Deriva, 2003) i *Mémoires d'unes serveuses* (Fraj, 2006). Aquestes produccions comparteixen unes narratives comunes com "la coralitat, la col·lectivitat, la corporalitat i la inclusió d'elements afectius i familiars", que obren altres imaginaris més enllà de la "criada submisa, voluble i escassament autònoma". La mostra de films reflecteix, en conjunt, el continuisme existent entre les tècniques de poder que van des de la despossessió rural fins al colonialisme contemporani, des de la repressió política fins a la Llei d'estrangeria, per continuar obtenint, de manera precària o gratuïta, la força de treball de les dones.

[Llampecs 4 i 5]

> Cada nit animaven la criada a prendre's un got de llet calenta perquè ajudava a dormir millor, li deien. Ella, que havia passat gana de petita, mai la rebutjava. Tanmateix, el temps passava i la serventa es trobava cada vegada més feble. Tenia la cara més pàl·lida, les ulleres se li marcaven, amb prou feines podia treballar. Com a conseqüència, va acabar emmalaltint i, com que no podia fer les tasques de la casa, la van fer fora. La pobra noia, finalment, va acabar morint. Més tard es va saber que els senyors afegien somnífers al gotet de llet calenta per després, quan estava profundament adormida, extreure-li sang. La salut dels senyors quedava garantida gràcies a la transfusió d'aquest fluid.

[Llegendes, fluids i fugues]

A través dels relats orals familiars em vaig assabentar que al poble corria aquesta llegenda urbana (rural, més ben dit) entre les noies que marxaven a servir. Sembla que servia perquè aprenguessin a desconfiar dels senyors i protegir-se, no tant de les extraccions de sang, diria jo, sinó del que podien representar: violacions i abusos sexuals. O almenys això és el que em ronda per la imaginació. Cert pòsit de veracitat rau en el fet que, com explica la historiadora Eider de Dios, les serventes van ser utilitzades, des d'abans de la dictadura, com a "introductores" en la sexualitat dels fills de les famílies riques. Segons la meva experiència, al voltant del tema de les agressions sexuals hi ha silenci (com passa en aquestes situacions, no és diferent d'altres espais laborals), de manera que és complicat parlar-ne directament.

> El senyor no es trobava bé, se li havia posat malament el menjar. Li va demanar a la serventa que li preparés una infusió de camamilla. La criada va bullir l'aigua i, després de posar-hi un petit grapat d'herbes pal·liatives, la va deixar reposar uns minuts. La va passar pel colador i la va servir. El senyor, en tastar el primer glop, va posar cara de fàstic i li va demanar que en fes una altra. La noia així ho va fer, però al senyor li va semblar tan dolenta com l'anterior. I n'hi va demanar una altra, i així fins a cinc vegades. La serventa, enfadada, intuïa que al darrere hi havia una

altra cosa que només ella i el senyor sabien i per la qual l'estava castigant. Durant la preparació de la sisena infusió va fer un canvi. Es va dirigir al lavabo i, amb una petita gerra de porcellana, va recollir aigua de la tassa del vàter. Va bullir la camamilla en aquesta aigua i la va servir al senyor. Ell va observar la tassa sobre la safata de plata, la va agafar amb compte i, després de bufar suaument per no cremar-se els llavis, va fer-ne un petit glop. Després va mirar la serventa i, somrient, li va dir: "Deliciosa, Milagros. Ara sí".

La Milagros es va retirar discretament i, després de desaparèixer, el senyor va continuar gaudint de la infusió.

[Aparicions i desaparicions: màgia]

Una parella arriba a l'hotel. Les maletes es desfan i es col·loca la roba als calaixos. Un raspall neteja les botes de l'home, una carta s'escriu sola. Gràcies a una maquinària, la feina humana gairebé ha desaparegut en aquest hotel on tot és automàtic. Mitjançant la pionera tècnica d'animació fotograma a fotograma, el film *L'hotel elèctric* (Segundo de Chomón, 1908) crea la il·lusió que els objectes tenen vida pròpia. Aquesta mateixa tècnica es fa servir a la primera seqüència del curtmetratge *Organizar lo (im)posible* (Matamalas i Gomila, 2017), en què els llençols d'un llit d'hotel es col·loquen sols. La màgia del cinema, com la del capitalisme, consisteix a amagar el procés de producció i mostrar-ne únicament el resultat, sense tenir en compte la feina humana (aquí hi ha el truc) que hi ha al darrere. D'aquesta manera, segons Marx, l'ocultació de la mà d'obra provoca que sembli que el preu dels productes emana de la mateixa mercaderia i genera el que anomena *fetitxització*. Però on és la màgia i el fetitxe en les feines reproductives en què no es produeixen coses? Si en les feines productives es genera un objecte, s'omple un buit i se suma, en feines com les de neteja es buida, es resta. Potser va ser aquest caràcter de buidatge, de desmaterialització, la causa per la qual Marx les obvia en la seva anàlisi. Silvia Federici retreu a Marx que a *El capital* "no es diu res sobre les dones, el treball domèstic, el sexe i la procreació" *(Revolución en punto cero*, 2013). Tampoc els postmarxistes Negri i Hardt, apunta Federici, analitzen les feines reproductives com un tema central. Tot i que defineixen el caràcter immaterial com a centre d'operacions del capital contemporani i tenen en compte els seus aspectes feminitzats i afectius, deixen de banda que, des de fa molt més temps, les dones hem estat entrenades per mercantilitzar afectes.

En el nostre present marcat per la manca d'habitatge, sanitat i educació, recau sobre les dones, especialment les migrants, diu l'autora, la responsabilitat de pal·liar aquesta situació i és aquí precisament on s'estan produint mobilitzacions molt significatives. Col·lectius de l'Estat espanyol com Territorio Doméstico, Las Kellys, Sindillar, Més que Cures o Sindicato S.A.D., entre d'altres, no només reivindiquen drets laborals, sinó que visibilitzen la crisi de les cures i mostren els trucs del capitalisme. Aquestes pràctiques feministes passen per la generació de vincles i de xarxes en què es comparteixen coneixements i afectes que cristal·litzen en dispositius de lluita i artefactes creatius. Un bon exemple el trobem en el sindicat independent de dones migrades Sindillar, que creen obres de teatre o un art tèxtil que tant es pot utilitzar en manifestacions com mostrar-se en centres artístics. La lluita d'aquestes treballadores travessa, així, els espais de la cultura, el carrer i el treball i crea altres representacions i discursivitats de les treballadores de la llar.

La seva habitació preferida era el despatx del senyor. Quan li tocava netejar-lo ho feia ràpid per començar com més aviat millor a treure la pols de les prestatgeries. Aleshores s'aturava i mirava els llibres amb atenció fins que en triava un que, pel títol, la captivava. Cada setmana repetia el mateix ritual, separava la cadira de la taula, deixava el drap al costat i començava a llegir. Llegia i llegia fins que la veu de la senyora requerint la seva presència la tornava a la realitat. [Llampec 6]

Tot i que versada en economia feminista i situada en la genealogia de classe, és inevitable que se m'emportin els teclats en el moment d'escriure. Malgrat el nostre pas per les institucions del saber, que ens legitima i ens atorga cert capital cultural, som [Els plecs] fillis, fills i filles dels sabers rurals i perifèrics. Hem aterrat on no ens esperaven, conscients d'estar desplaçades davant del "saber senyorot", de trobar-nos fora de lloc, com bé explica Bibiana Collado al seu llibre *Yeguas exhaustas* (2024). La protagonista, que passa per una situació de violència masclista, és d'origen rural i filla d'una treballadora de la neteja. La descendència pobra ens marca amb una mena de sincretisme vital, perquè al meu cap hi guardo informació molt diversa, des de com desplomar una perdiu o com netejar amb bicarbonat i vinagre fins a quin és l'últim software d'IA més potent. El sincretisme vital conjuga generacions i sabers, tecnologia i pretecnologia, oscil·la entre el *pre* i el *pro*. La meva família coneix mètodes de supervivència i jo em dedico a les imatges; ells dominen una materialitat indispensable i jo una immaterialitat poètica amb la qual genero visualitats espectrals del seu passat material. Aquesta oscil·lació m'ha arrossegat a una escriptura que no és ni personal ni acadèmica, el resultat de la qual és un cúmul d'imatges íntimes i històriques recollides en forma de llampecs.

L'últim llampec va ser una fogonada. Després d'anys com a professora associada, vaig entrellucar la meva mare quan treballava de premare, d'interna. La meva condició precària era també prealguna cosa, preprofessora, preinvestigadora, fins que em vaig quedar prenyada i després vaig ser mare també. Mare jo i mare ella, una en el tardofranquisme i l'altra en l'era digital (m'agrada aquesta combinació estranya de paraules, *tardofranquisme* i *era digital*). L'ascens social promès a través del matrimoni i de la universitat no acaba sent l'esperat. Finalment, la meva mare es va desfer del seu marit (maltractador) i molt posteriorment jo vaig aconseguir dignitat laboral i vam sortir del pou de merda en què estàvem. Va ser aleshores, quan vaig deixar el *pre* per ser "pro-fessora" amb sou digne, que, amb els meus germans, em vaig plegar sobre la meva mare, malalta, per cuidar-la.

Les coses a la vida de vegades es pleguen pitjor que un llençol de sota. No sé si aquests plecs tenen a veure amb el plec de Spinoza o de Deleuze, que diuen alguna cosa així com que el temps es concep com una realitat contínua en un món sense dualismes, on allò material i allò immaterial s'entrellacen i es repleguen. En aquell temps —continuo— vaig cuidar la meva mare com ella em va cuidar a mi, com una mare dins d'una altra, una mare-matrioixca. Plegar-se sobre la mare té a veure amb doblegar-se per aixecar-la del llit, amb doblegar-se en les cures com un doblec de pasta de full dolça, com el doblec dels llençols. Aleshores, de tants plecs i de tant doblegar-me em feia mal l'esquena castigada (malmesa en un 35%, segons la institució oficial) i no vaig poder aguantar tants plecs. La resolució de la sol·licitud d'ajuda a la dependència que dona l'Estat mai va arribar, així que vaig trucar a Més que Cures, la cooperativa de cures autogestionada per dones migrants, perquè ens ajudessin a casa. Però la meva mare va morir i la casa va quedar neta i buida.

Com que ja no hi és, no li he pogut preguntar algunes dades que m'han faltat i, en un clar exercici de postmemòria, he tirat d'imaginació. Les seves històries han estat llampecs de memòria que guardo i, encara que sembli que hagin pogut encegar-me la mirada, ha estat a l'inrevés, han il·luminat el camí. Han invocat els fantasmes del passat per dirigir-nos a un present ben encarnat que espera un futur diferent per a les feines de cures.

Elena Fraj

Creadora, investigadora i professora en el Departament d'Arts Visuals i Disseny de la Facultat de Belles Arts (Universitat de Barcelona), és llicenciada en Belles Arts i doctora en Comunicació Audiovisual (UAB, 2015).

Edita
Ajuntament de Barcelona

Consell d'Edicions i Publicacions de l'Ajuntament de Barcelona
Xavier Marcé Carol, Gemma Arau Ceballos, Maria Buhigas San José, Ferran Burguillos Martínez, Mireia Escobar Costa, Sonia Fuertes Ledesma, Oriol Guiu Ruiz, Oriol Martí Sambola, Lluís Mauri Roldán, Àlex Montes Flotats, Jaume Muñoz Jofre, Joan Ramon Riera Alemany, Pilar Roca Viola, Miquel Rodríguez Planas, Edgar Rovira Sebastià, Montserrat Surroca Comas i Anna Giralt Brunet

Directora de Comunicació
Pilar Roca i Viola

Servei d'Edicions i Publicacions
Plaça de Sant Jaume, s/n, 2a planta
08002 Barcelona
barcelonallibres@bcn.cat
barcelona.cat/barcelonallibres

Col·lecció
Barcelona Ciutat i Barris

Pla de Barris
Àlex Montes Flotats, Arnau Balcells Capellades, Miquel Àngel Lozano Arjona, Miquel Izquierdo Molinero, Maite Batlle Martret i Gemma Noguera Giménez

Idea original, coordinació i recerca
Observatori de la Vida Quotidiana (OVQ)

Il·lustracions i coberta
Maria Romero García

Textos
Pla de Barris, Maria Romero García, Brigitte Vasallo, Elena G. Fraj Herranz

Guió
Laia Manresa

Disseny gràfic
ESCOLA

Coordinació editorial
Imma Muñinos

Correcció lingüística
Natàlia Duran – Linguaserve Internacionalización de Servicios

Retoc i producció gràfica
Xavi Parejo – XPS Arts Finals

Impressió
Vanguard Graphic

© de l'edició: Ajuntament de Barcelona
© dels textos: Maria Romero García,
Brigitte Vasallo i Elena G. Fraj Herranz
© de les il·lustracions: Maria Romero
García
© de les imatges: els autors i autores
esmentats; Ágata Films / Album
(p. 92); Agència EFE (p. 96); Album
(p. 92); Archivo de Historia del Trabajo,
Fundación Primero de Mayo (F1M)
(p. 96); Archivo Fundación Anselmo
Lorenzo (CNT) (p. 85); Archivo Histórico
Provincial de Huesca (AHPH) (p. 19);
Arxiu Fotogràfic de Barcelona (AFB)
/ Pérez de Rozas (p. 78); Arxiu Històric
de la Ciutat de Barcelona (AHCB)
(p. 84, 100); Arxiu Històric del Col·legi
d'Arquitectes de Catalunya (COAC)
- Fons Nebot Torrens (p. 32-33); Arxiu
Històric de Sabadell (AHS) (p. 79);
Arxiu Nacional de Catalunya (ANC)
(p. 82-83, 99); Arxiu Sindillar-Sindihogar
(p. 102-103); Associació Cultural Hoja
Informativa (p. 101); Biblioteca Regional
de Madrid (BRM) (p. 88-89); CRAI
Biblioteca Pavelló de la República -
Universitat de Barcelona (UB-CRAI)
(p. 80, 100); Fundació Cipriano García
- Arxiu Històric de CCOO de Catalunya
(p. 98); Fundación Pablo Iglesias (FPI)
(p. 80); Institut Municipal de l'Habitatge
i Rehabilitació de Barcelona (IMHAB)
(p. 65); Ministerio de Cultura, Archivo
General de la Administración (AGA),
Fondo Delegación Nacional de Sección
Femenina, IDD (03) 037.000, Signatura
33-04381-00014-001 (p. 87); Observatori
de la Vida Quotidiana (OVQ) (p. 17, 30, 59,
86, 91, 93, 98, 101); Universitat d'Alacant
(UA) (p. 97); Universidad Pontificia
Salamanca (UPS) (p. 95)

Arxius
Biblioteca de Catalunya (BC)
Biblioteca Nacional de España (BNE)
Instituto Geográfico Nacional (IGN)
Biblioteca Virtual de Aragón (BVA)
Fons personal de Trinidad Abadías
Fons personal de Laila Taiti

S'han fet totes les gestions possibles
per identificar les persones propietàries
dels drets de les fotografies i imatges.
Qualsevol error o omissió cal notificar-los
per escrit a l'editor i es corregirà en
edicions posteriors.

Agraïments
Tatiana Donoso, Julia Montilla, Karina
Fulladosa, Emma Armengod, Amador
Expósito, Joan Tomás, Lucía González
Nercellez, Miquel Àngel Lozano, Miquel
Izquierdo, Paco Flórez, José Alberjón,
José Palazón, Josep María López,
Emilia Tarraga, Elvira González, María
Poderoso, Elvira Juncosa, Marta Flórez,
Anna Montserrat, Marc Aguilar, Víctor
Jiménez Sánchez, Xarxa de Suport Mutu
de la Trini, Associació Comissió per la
Recerca i la Divulgació de la Memòria
de Trinitat Vella

Barcelona, 2026

ISBN: 978-84-9156-669-4
D.L.: B 23972-2025

Imprès en paper ecològic